성과코칭을 위한 PXR 성과 창출 프로세스

1 핵심과제 도출	2 성과목표 설정	3 성과 창출 전략 수립	4 인과적 캐스케이딩 & 협업	5 성과평가와 피드백
1 연간, 분기, 월간 성과목표에서 월간, 주간, 일일 핵심과제를 도출한다	**3** 성과목표 결정, 과제목적(KPI) 집중, 목표 수준 설정, 고정변수목표와 변동변수목표를 구분한다	**5** 고정변수목표, 변동변수목표를 구분한 후 타깃 변수 목표별 공략 방법을 세운다	**8** 월간, 주간 성과목표를 역계산한다	**11** '성과'와 '전략', '프로세스'를 평가한다 (성과평가)
2 상위조직, 상위기간 목표로부터 하위조직, 하위기간의 핵심과제를 도출한다 상위리더 부여과제, 타부서 협업과제를 포함한다	**4** 성과목표를 조감도화(化)한다 (건물의 조감도, 설계도면)	**6** 전략을 성과코칭받는다 **7** '스케치페이퍼'로 소통한다	**9** 수직적 협업, 수평적 협업을 한다 **10** 'PXR일기'를 활용한다	**12** 개선과제를 도출하고 만회대책을 수립한다 (피드백)

커리어 비전 설계

1 내가 기여해야 할 미션 찾기	2 미션 수행에 적합한 커리어 비전 설정하기	3 의사결정을 좌우할 핵심가치 정하기	4 비전 창출을 이끄는 역량 지표 도출하기	5 실행력을 담보할 역량 개발 계획 세우기

일 잘하는 팀장은 이렇게 성과코칭합니다

일 잘하는
팀장은

류랑도 지음

이렇게
성과코칭
합니다

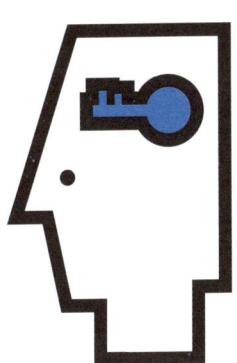

다산북스

일 잘하는 팀장은
업무관리 대신 성과코칭합니다

"그렇게 책상 앞에서 오만상을 쓰며 고민한다고 뭐가 나오나요? 제대로 핵심을 짚고 자기 생각을 가지고 주도적으로 일해야죠. 맨날 시키는 일이나 겨우 하고, 모처럼 새로운 프로세스나 방법을 성과코칭해 주면 인상부터 구기고 안 되는 이유부터 이야기하니 이래서야 어디 다음 주까지 내가 원하는 아웃풋을 가져올 수 있겠어요?"

김태웅 프로는 올해로 입사 7년 차입니다. 그런데 사내 유일의 여성 팀장이자 최연소 팀장인 장유진 팀장에게 핀잔을 듣기 일쑤입니다. 김 프로는 자존심이 상하고 자신에게 화가 나서 견딜 수가 없습니다. 늘 귀에 못이 박히게 듣는 잔소리 때문에 '내가 정말 이 정도밖에 안 되나? 내가 지금 너무 미련하고 생각 없이 일하고 있나?' 하는 자책 어린 고민을 하고 있습니다.

한편 김 프로에게 본의 아니게 자극을 주고 있는 장 팀장도 마음이 편한 것만은 아닙니다. 사실 김 프로는 일류대를 나온 스펙 좋고 심성도 바른 괜찮은 직원입니다. 그런데 위에서 세심하게 챙기지 않으면 기대한 만큼 성과를 내지 못하고 겉으로만 빙빙 도니, 이럴 땐 팀장으로서 어떻게 도와줘야 할지 난감할 따름입니다. 김 프로는 아직도 경기 침체로 시장 환경이 나빠졌다는 등 회사의 예산 지원이 부족하다는 등 온갖 핑계와 변명을 대면서 성과를 창출하지 못하는 자신을 합리화하고 있습니다.

많은 조직의 구성원들이 저마다의 위치에서 김 프로나 장 팀장과 같은 고충을 안고 있습니다. 저 역시 기업 현장에서 '내 나름대로는 열심히 했는데 성과를 인정해 주지 않는다'라고 하소연하는 김 프로들과, '팀원이 조직이 원하는 성과를 도무지 창출하지 못해 어떻게 피드백해야 할지 모르겠다'라며 답답함을 토로하는 장 팀장들을 자주 만납니다.

냉정하게 말해 조직에서 대가를 받고 일했으면 '성과'라는 밥값을 해야 합니다. 그게 기본이지요. 하지만 여전히 혹자는 열심히 일하다 보면 좋은 결과가 나오지 않겠느냐고 생각하거나, 성과를 내지 못했으면서 자기 잘못이 아닌 양 이런저런 핑계를 대곤 합니다.

과거에는 오너를 포함한 몇몇 임원들이나 팀장들만 성과의 주체로서 오너십을 가지고 일하고, 구성원들은 종업원 신분으로 그저 위에서 시키는 대로만 일해도 큰 문제가 되지 않았습니다. 그러나 지금은 고객 접점의 구성원이 곧 조직의 성과 주체들입니다. 종업원이 아니라 구성원이며, 직원이 아니라 사업 파트너인 것입니다. 이제 구성원들은 그냥 '일하는 사람'이 아니라 '성과를 창출해 내는 책임자'입니다. 현장 접점에서 실행을 주도해야 하는 구성원들의 역할과 책임을 생각할 때, 정말로 중요한 것은 무조건 돌쇠처럼 '열심히' 일하는 것이 아닙니다. 어떤 일을 하더라도 수요자가 기대하는 성과와 관련된 일들을 '제대로' 하여 수요자가 기대하는 결과물을 산출해 고객 가치를 창출하는 것, 즉 '성과 창출'이 중요합니다.

그렇다면 김 프로와 같은 팀원들이 성과를 창출하기 위해 팀장은 어떻게 해야 할까요? 우선은 사고방식부터 바꿔야 합니다. 예전에는 팀장을 '상사'라고 했습니다. 요즘도 많은 사람들이 무의식적으로 팀장을 상사라고 부르곤 합니다. 하지만 이제는 바꾸어야 합니다. 상사형 팀장이 아닌 '리더형 팀장'으로 변모하지 못하면, 팀장 스스로의 자리도 지키지 못할 뿐 아니라 팀원도 성장시킬 수 없습니다.

그렇다면 상사와 리더의 차이는 무엇일까요? 상사형 팀장은 업무관리하고 리더형 팀장은 성과코칭합니다. 일은 팀원이 하되 팀원이 하는 일에 대해 팀장이 전반적으로 관여하는 것을 업무관리라고 합니다. 일을 계획하고 실행하고 결과를 피드백하는 일련의 과정에 대해 팀장이 주간업무회의나 개인별 미팅을 통해 보고받고 실행지침을 주고 피드백하는, 이른바 팀장이 실행기준에 대해 의사결정해 주는 방식입니다. 즉, 업무관리는 의사결정의 주체가 팀원이 아닌 팀장입니다. 물론 요즘은 팀장이 팀원의 과제와 세부 추진 계획 정도만 듣고 실행에 대해서는 알아서 하라고 방임하는 경우도 많습니다. 그리고 이런 방식이 팀원 스스로 일하게 하는 방식, 즉 권한위임이라고 오해합니다.

반면 성과코칭은 의사결정의 주체가 팀장이 아닌 팀원입니다. 그러면 팀장은 대체 무슨 일을 할까요? 팀장은 팀원이 일을 해서 성과를 창출할 수 있도록 '기준을 검증하고 감리하는 역할'을 합니다. 팀원들이 연간, 반기, 분기, 월간, 주간 등 기간별로 핵심과제를 선정하고, 성과목표를 설정한 뒤 성과 창출 전략을 수립하고 실행하며, 기간별 성과를 평가하고 피드백하는 일련의 과정에 대해 단계별로 팀원들이 제대로 실행하고 있는지 검증하고 감리하는 역할을 하는 것입니다. 그리고 바로 이 역할이 상사에서 리더로 변화하고자 하는 팀장들이 가장 어렵게 느끼는 부분입니다.

아직도 많은 팀장들이 자신의 정체성이 상사인지 리더인지 잘 구분하지 못합니다. 그러다 보니 팀원들과의 관계나 상위리더들과의 관계에 신경을 많이 쓰는 편입니다. 열심히 소통하고 동기부여하고 노력하다 보면 일이 잘될 거라고 착각합니다. 일정 관리나 팀 분위기 관리, 그리고 가급적 팀원들의 감정을 건드리지 않고 무난하게 팀을 관리하는 것이 자신의 역할이라고 착각합니다.

저는 그런 팀장들을 보면서 어떤 상황에서든 팀원들을 통해 성과를 창출하게 하는 성과코칭 역량을 기를 수 있었으면 하는 간절한 마음으로 이 책을 썼습니다. 모든 팀장들이 리더형 팀장으로서 자신의 역할과 책임을 훌륭하게 완수하고, 성과코칭을 탁월하게 수행할 수 있는 팀장으로 인정받는 데 이 책이 기여할 수 있다고 확신합니다.

무엇보다 이 책에 등장하는 김 프로와 장 팀장의 이야기를 통해 막연하게나마 느껴졌던 성과코칭의 각 단계별 구체적인 팁을 얻을 수 있을 것입니다. 그러므로 이 책을 충분히 숙독하고 실천하기를 바랍니다. 단위 조직을 이끄는 파트장이나 팀장, 임원이나 본부장, CEO와 같은 리더들은 하위리더들을 성과코칭하기 위한 가이드북으로 아주 유용하게 이 책을 활용할 수 있습니다.

조지 버나드 쇼의 말이 생각납니다.

"나는 상황이나 환경을 믿지 않는다. 세상을 이끌어가는 사람들은 자신이 원하는 환경을 찾아다니고, 만약 찾을 수 없다면 그 환경을 만드는 사람들이다."

팀의 성과란 환경이 좋을 때만 골라서 창출할 수 있는 것이 아니며, 팀장만 정신 차리고 잘한다고 해서 창출되는 것도 아닙니다. 무엇보다 팀장과 역할 및 책임을 분담하고 협업하는 팀원들이 흥에 겨워 자기주도적으로 움직여야 팀의 성과가 지속적으로 창출될 수 있습니다. 그것은 구성원 자신이 어떤 환경이나 상황에서도 보편적으로 적용할 수 있는 성과 창출 원리를 꿰뚫고 있을 때 가능합니다. 그 원리를 한 장의 표로 정리한 것이 바로 이 책의 맨 앞에 실은 '성과코칭을 위한 PXR 성과 창출 프로세스'입니다. 이것을 늘 가까이 두고 자신이 지금 올바르게 일하고 있는지 점검하거나 업무 처리 과정에서 헤맬 때마다 활용하면 좋겠습니다.

회사가 어렵고 힘들 때일수록 팀장들은 쓸데없는 환경 핑계를 대거나 팀원들을 앞세워 변명하지 않고 자기 팀의 성과만큼은 반드시 책임져 상위조직과 회사에 기여해야 합니다.

대한민국 모든 팀장들이 업무관리하는 상사에서
성과코칭하는 팀장으로 거듭나기를 진심으로 바라며
성수동 협성재에서
류랑도

목   차

성과코칭 현장에 등장하는 인물 및 배경 소개

- 회사명: ㈜레인보우푸드
- 직원 수: 550명
- 연간 매출액: 3000억 원
- 등장하는 팀: A브랜드 사업본부 내 유통사업팀

· **장유진 팀장**

  팀장 1년 차.

  외국계 식품회사에서 탁월한 성과 창출 역량을 보여 스카우트됐다.

· **김태웅 프로**

  입사 7년 차 대리. 현재 6개 대리점 사업관리 담당.

  소위 일류대를 나온 스펙 종결자이지만

  일한 만큼 성과를 창출하지 못해 슬럼프에 빠져 있다.

· **홍재동 프로**

  입사 10년 차 과장.

  김태웅 프로와 같은 팀이며 회사 내에서 고성과를 창출하여 다방면
  으로 인정받고 있다. 김태웅 프로에게 많은 도움을 주고 있으며, 가
  끔 입바른 소리도 잘한다.

· **박명진 프로**

  입사 10년 차 과장. 홍재동 프로의 입사 동기.

  어쩌다 한 번씩 김태웅 프로에게 쓴소리하지만 밉지 않은 캐릭터다.

장유진 팀장은 외국계 식품회사에서 탁월한 성과를 거둔 덕분에 ㈜레인보드푸드로 스카우트되었습니다. 올해 새로운 회사 문화에 적응하느라 시행착오를 겪었던 시간을 만회하기 위해 내년에는 탁월한 성과를 창출해 보겠다는 열의가 대단합니다.

한편 성실하긴 하나 두드러진 성과가 없어 동기들 중에서도 하위 그룹에 속해 있는 김태웅 프로는 고민이 많습니다. 괄목할 만한 리더십을 보여주고 있는 장유진 팀장에게 성과 창출 방법을 코칭받아, 내년에는 팀에 구체적으로 기여하고자 열정을 불사르고 있습니다.

사실 김태웅 프로는 하루 24시간을 회사를 위해 알차게 보내는 타입입니다. 남들보다 30분 일찍 출근해 인터넷으로 뉴스를 보며 업계 동향을 파악하고, 매일 있는 지점 사업 성과 보고 및 각종 보고 현안을 생각하느라 오전 내내 바쁩니다. 그리고 오후에는 이틀에 한 번씩 외부 미팅을 다니느라 자리에 있는 시간이 별로 없습니다. 이를 본 동료들은 "저렇게 열심히 하니 팀장 눈에 드는 건 시간문제"라며 은근히 질투 어린 눈길을 보냅니다.

하지만 정작 장유진 팀장은 김태웅 프로의 물불 안 가리는 성실함이 그리 반갑지만은 않습니다. 열심히 하는 만큼 성과도 높다면 좋겠지만, '칼퇴근'하는 다른 팀원들의 성과와 별 차이가 없기 때문입니다. 상 팀장은 김 프로가 중요한 일부터 우선 처리하는 데 초점을 두지 못하고 별로 중요하지도 않는 일에 미련하게 에너지를 쏟는 것이 아닐까 하는 의구심에, 김 프로의 일하는 패턴을 한번 점검해 볼 생각입니다.

제1부

Preview

성과목표 설정

명확한 성과목표가

성과 창출의 반이다

1장

성과목표를 선택하고 집중한다

수많은 일 중
핵심과제를 선택하라

10월이 열흘밖에 남지 않은 어느 날, 장유진 팀장은 자신이 맡고 있는 유통사업팀의 내년도 연간 사업목표와 예산, 전략과 실행 계획 등 사업 계획을 준비하고 있었습니다. 장 팀장은 전체 팀원들에게 "각자 내년에 중점적으로 실행해야 할 핵심과제들을 이달 말까지 정리해서 이메일로 제출해 주세요"라고 요청했습니다.

　김태웅 프로는 별 고민 없이 자신이 내년에 실행해야 할 과제 리스트를 일사천리로 써 내려가기 시작했습니다. 장 팀장은 "김 프로는 평상시에도 고민을 많이 했나 보죠?" 하며 지나가는 길에 김 프로가 써놓은 과제 리스트를 슬쩍 보았습니다. 그런데 한

눈에 보기에도 김 프로가 선택한 과제들은 내년도 팀 성과목표에 기반한 핵심과제들이 아니었습니다. "이게 진짜 김 프로가 내년에 중점적으로 해야 할 일 맞아요?"라고 소리 지르고 싶을 정도로 중요하지 않은 데다 매우 일상적인 과제들이었습니다. 장 팀장은 '이러니 김 프로가 늘 헛발질을 할 수밖에 없지. 좋게만 이야기해서는 안 되겠는걸' 하며 한숨을 푹 쉬었습니다.

핵심과제(CSF, Critical Success Factor)란 '자신의 역할 중에서 상위 조직인 팀의 성과 창출에 가장 결정적인 영향을 미칠 수 있는 인과적인 과제'이자, '정해진 기간 내에 선택하고 집중하여 한정된 자원과 역량을 쏟아부어야 할 우선순위 과제'를 말합니다. 조직마다 주요과제, 주요업무, 전략과제, 핵심과제, 미션, 성과평가항목 등으로 다양하게 불리지만, 공통적으로 한정된 자원 안에서 가장 먼저 시간과 예산, 역량을 쏟아부어야 할 중요한 과제를 의미합니다. 예를 들어 '20대 여성 고객 매출 증대', '30대 전문직 신규 고객 수요 확보', '주니어 팀원급 학습 역량 강화' 등과 같이 구체적인 타깃과 업무 수행 방향을 상세하게 표현한 과제를 말합니다.

장 팀장이 팀원들에게 핵심과제 선정이 무엇보다 중요하다고 강조한 이유는 한정된 자원 때문입니다. 팀이 가지고 있는 인력,

시간, 정보, 예산, 능력 같은 자원은 한정되어 있고 성과로 창출해야 할 목표 수준은 높다 보니 팀원들이 자신에게 할당된 모든 역할을 다 할 수가 없습니다. 그래서 팀의 성과 창출에 결정적인 영향을 미치는 인과적인 우선순위 과제들을 잘 선별하여 그 과제들에 집중해야 합니다. 성과 창출에 별 영향이 없는 일에 시간과 역량을 쏟아붓는 것은 대단히 비효율적이며 내년도 팀의 성과 창출에 부정적인 영향을 미칠 수 있습니다. 성과 창출에 별 영향이 없는 일은 당연히 하지 않는 것이 최선입니다. 주어진 조건 안에서 자신의 역량을 최대한 발휘해야 성과를 창출할 수 있는데, 쓸모없는 일에 시간과 열정을 분산시키면 기대하는 성과가 창출되지 않을 확률이 그만큼 높아지기 때문입니다.

잠깐 생각해 봅시다. 그동안 자신이 중요하다고 생각했던 핵심과제가 과연 연간 단위나 반기 단위로 팀이 창출해야 할 성과목표와 얼마나 밀접한 인과성을 가지고 전략적으로 연계되어 있었는지 말입니다. 아마도 그런 생각을 하기보다 그저 자신이 해야 할 일 중에서 나름대로 중요하다고 생각하는 일들을 목표로 삼고 열심히 일해온 사람이 대부분일 것입니다. 이는 자신의 문제가 세상에서 가장 중요하다고 생각하며 자신만 힘들다고 착각하는 자기 선택적 편향(self-selection bias)과도 관련이 깊습니다. 즉, 여러 구성원 중에서도 자신이 하는 일의 난도와 중요도가 가장 높아 성과를 창출하기 힘들다는 착각, 조직 내에서 자기 팀의 업무 난도가 가장 높아 성과를 창출하기 힘들다는 착각입니다. 상위조직의 성과 창출이라는 관점에서 해야 할 일의 경중을 따져야 하는데, 이처럼 자기 선택적 편향에 빠져 자신의 입장에서만 생각하는 경우가 많습니다.

또한 아직까지도 많은 구성원들이 내년도의 가장 중요한 과제가 무엇인지 정해보라고 하면 여느 해와 마찬가지로 늘 해오던 과제부터 떠올리고, 그것 외에 무엇을 더 해야 할지 막막해합니다. 기본적으로 팀원인 자신이 한 해 동안 우선적으로 매진해야 할 과제들이 팀 성과목표를 성과로 창출하는 데 도움이 안 된다면, 그것은 타당한 핵심과제라고 할 수 없습니다. 본인에게도 간절함과 절심함을 동반한 도전적인 목표의식을 가져다주지 못하는 것은 물론입니다.

이런 결과를 초래하는 가장 큰 원인은 바로 팀 성과목표와 성과 창출 전략을 먼저 확인하여 자신의 업무와 연계된 핵심과제들이 무엇인지 구체적으로 따져보지 않고, 자신이 중요하다고 생각하는 핵심과제를 직관적으로 선택하는 데 있습니다. 자신이 한 해 동안 팀원으로서 중점적으로 수행해야 할 핵심과제를 제대로 선택하기 위해서는 가장 먼저 팀 성과목표와 성과 창출 전략이 어떻게 구성되어 있는지를 구체적으로 확인하고 분석해야 합니다. 물론 이 과정에서는 당연히 팀장이 팀원들에게 퍼실리테이터(facilitator, 조력자) 역할을 수행해야 합니다. 그래야 팀원들 개개인이 팀 성과목표를 성과로 창출하기 위해 어떤 과제를 우선적으로 수행해야 하며, 어떤 과제가 팀 성과 창출에 가장 효과적으로 기여할지에 대한 방향을 잡을 수 있습니다.

조직에 소속된 구성원들은 자신이 하고 싶은 일을 마음대로 하는 것이 아니라 조직이 원하는 일을 해야 합니다. 이것을 '역할과 책임'이라고 합니다. 역할이란 팀장 및 다른 팀원들과의 관계 속에서 자신이 차별적으로 해야 할 과제를 말하고, 책임이란 역할 수행을 통해 수요자인 상위리더가 기대하는 결과물의 기준을 말합니다. 연간 단위나 반기 단위로 자신이 해야 할 핵심과제는 바로 일정 기간 내에 소속된 조직에 기여해야 할 역할을 말하는 것입니다.

팀의 성과목표와 성과 창출 전략을 확인했다면 다음으로 팀의 성과 창출을 위해 자신이 기여해야 할 과제들이 무엇인지 확인하고 자신의 핵심과제 목록에 포함해야 합니다. 특히 팀장에게 핵심과제를 부여받기에 앞서, 자신이 팀 성과 창출에 기여할 핵심과제가 무엇일지 스스로 고민해 보고 성과코칭을 받는 것이 바람직합니다.

그리고 내년에 자신이 팀 성과 창출에 기여할 과제를 확인할 때는 일명 '파레토의 법칙'을 적용하는 지혜가 필요합니다. 즉, 자신의 일을 100퍼센트라고 할 때 우리 팀이나 자신의 성과 창출을 위해 가장 먼저 실행해야 할 상위 20퍼센트의 과제가 무엇일지를 헤아려보는 것입니다.

우선 김태웅 프로에게는 팀 성과목표와 성과 창출 전략 분석을 통해 장 팀장이 자신에게 기여하길 바라는 핵심과제가 무엇인지 확인하는 절차가 필요했습니다. 하지만 김 프로는 예전부터 이런 생각을 별로 해보지 않았습니다. 늘 자신이 하고 싶은 일, 남들 보기에 멋있어 보이는 일, 그리고 자신의 성과가 돋보이는 일이 무엇일까만 신경 써왔던 것입니다. 그렇다 보니 장 팀장이 다른 팀원들에게 전략적으로 배분한 과제가 김 프로의 핵심과제 목록에 포함되어 있다거나, 김 프로가 실제로 팀 성과 창출에 기여하기 위해 수행해야만 하는 핵심과제가 누락된 경우도 많았습니다. 그러니 장 팀장도 매번 짜증 섞인 소리를 안 할 수가 없었던 것입니다.

"김 프로, 지난번에 내년도 팀 성과 창출 전략을 수립하면서 김 프로가 기여해 줬으면 하는 부분과 반드시 수행해야 할 핵심과제가 뭔지 내가 분명히 애기해 줬는데 한 귀로 듣고 한 귀로 흘려보냈군요. 우리 유통사업팀이 성과로 창출해야 할 매출 목표가 100억 원이고, 이를 위해 6개 지점 사업관리를 맡고 있는 김 프로가 기여해야 할 핵심과제로 '여성 고객 이탈 방지', '○○지역 ×× 제품 판매 강화', '고객 컴플레인 대처 강화' 등 세 가지를 얘기했잖아요. 그게 김 프로가 내년에 팀 성과 창출을 위해 반드시 기여해야 할 부분인데, 왜 그것들이 핵심과제 목록에 포함되어 있지 않은 거죠?"

김 프로는 고개를 푹 숙이고 아무 말도 하지 못했습니다.

그런가 하면 김 프로 바로 옆자리에 앉아 있는 홍재동 프로는 장 팀장에게 총애를 받고 있습니다. 홍 프로는 항상 팀의 성과 창출을 우선적으로 생각하며, 이를 위해 자신이 어떤 핵심과제를 수행해야 도움이 될 수 있을지를 고민합니다. 그리고 장 팀장이 팀 성과 창출 전략을 수립하면서 자신에게 요청했던 과제가 무엇인지 가장 먼저 확인합니다. 홍 프로는 자신이 부여받은 일이 팀 성과 창출, 나아가 사업본부와 회사의 경영 성과 창출에 어떤 영향을 미칠지 그 연계성을 잘 생각하며 일합니다. 그러니 장 팀장 입장에서는 홍 프로가 뛰어나다고 생각할 수밖에 없습니다.

더욱이 장 팀장은 구성원들에게 팀 성과목표를 배분할 때 단순히 인원수만 고려하여 1/n로 나눠주는 것이 아닙니다. 각 팀원의 역할과 책임 그리고 연봉과 역량 수준을 고려해서 전략적으로 배분합니다. 따라서 김태웅 프로는 이러한 팀장의 의도를 알

아차리고 자신이 팀장에게서 부여받은 핵심과제가 얼마나 중요하며, 팀과 회사의 성과 창출에 어떻게 기여하는지 명확하게 인식해야 합니다.

팀장이 성과 창출을 위한 선행과제를 팀원들에게 캐스케이딩(cascading)할 때 너무 일방적이라거나 시시콜콜 간섭한다는 둥 불만을 터뜨리는 팀원들이 간혹 있습니다. 그러나 결국 팀원으로서 핵심과제를 선택할 때는 팀장이 중요하다고 생각하는 선행과제와 자신이 팀 성과 창출에 기여할 만한 핵심과제가 무엇인지를 상호 확인하고 이를 합의해야 팀 성과 창출에 최대한 기여할 수 있습니다.

팀 성과 창출에 기여할 핵심과제를 선택한 후에는 자신의 업무 중에서 내년에 도전적으로 추진할 만한 핵심과제가 무엇인지 고민해 봐야 합니다. 김태웅 프로는 앞서 팀장에게 핀잔을 잔뜩 듣고 약이 올라 있었던지라 내년 도전과제만큼은 제대로 도출해서 잃었던 신뢰를 회복하겠다고 마음먹었습니다. 우선 현재 자신이 맡고 있는 6개 대리점의 데이터를 분석하여 강점과 약점을 찾고, 향후 전개될 성과 창출 환경을 감안하여 몇 가지 기회와 위협 요인들을 추려냈습니다. 이를 바탕으로 'DD 신상품 마일리지 카드 고객 증대', '30대 전문직 온라인 구매 증대'라는 도전과제들을 써 내려가기 시작했습니다.

한편 저녁 늦게까지 도전과제를 정리하고 있는 김 프로를 본 장 팀장은 아까 너무 핀잔을 준 것은 아닌지 미안한 마음이 들었습니다. "정리는 잘되고 있어요? 어디, 현재까지 김 프로가 올해 도전과제로 뽑은 내용을 좀 볼까요?" 하며 부드러운 제스처를 취했습니다.

김 프로가 정리한 도전과제를 본 장 팀장은 살짝 놀랐습니다. 성과 창출에 영향을 미칠 수 있는 강·약점에 대한 내부역량요인과 외부환경요인, 그 사이에 존재하는 기회와 위협 요인을 제대로 분석했고 자신의 역량을 뛰어넘는 도전적인 핵심과제를 잘 추려냈다는 생각이 들었기 때문입니다.

"김 프로, 정말 잘했는데요? 이렇게 고민하니까 좋은 핵심과

구분	핵심과제
팀 성과 창출에 기여해야 할 핵심과제	여성 고객 이탈 방지
	○○ 지역 ×× 제품 판매 강화
	고객 컴플레인 대처 강화
자신의 업무에서 스스로 도출한 핵심과제	DD 신상품 마일리지 카드 고객 증대
	30대 전문직 온라인 구매 증대

제들이 나오잖아요. 특히 자주 볼 수 있는 과제가 아니라 지역, 계층, 제품들을 기준으로 의미 있는 핵심과제를 도출했다는 점에서 많은 발전이 있네요. 덧붙여 핵심과제는 3개에서 5개 정도를 선택해서 자신의 역량을 집중적으로 쏟을 수 있도록 하는 게 바람직하다는 점을 기억했으면 해요. 김 프로가 도출한 이 핵심과제들을 샘플로 해서 다른 팀원들에게도 내가 보충 설명을 좀 해야겠어요."

꾸중에 익숙했던 김 프로의 얼굴에 그제야 옅은 미소가 번졌습니다.

얼마 후 옆자리를 보니 이번에는 장 팀장의 총애를 받던 홍 프로가 혼쭐이 나고 있었습니다. 홍 프로는 앞서 핵심과제를 잘 선택했다는 칭찬에 자만한 나머지, 세밀한 현장 데이터 분석 과정 없이 그저 자신이 작년에 실행했던 과제를 도전과제랍시고 나열했기 때문입니다. 홍 프로의 핵심과제들은 내년 팀 성과 창출과 별 연관이 없는 일상적인 과제들로만 구성되어 있었습니다.

김 프로는 이번에 장 팀장의 성과코칭을 받으며 자신이 어떤 관점을 가지고 핵심과제를 선택해야 하는지, 팀장과 어떻게 커뮤니케이션해야 하는지에 대해 확실히 알게 되었습니다. 본인이 제대로만 하면 성과를 창출해 낼 수 있을 것 같다는 자신감이 조금이나마 생겼습니다.

그 일을 통해
어떤 목적을 달성할 것인가?

강을 건널 때는 수영 기술도 필요하지만 무엇보다도 정확한 방향으로 건너가는 것이 중요합니다. 목적이 불분명한 상태로 강한가운데를 빙빙 돌다가는 결국 지쳐서 익사할 가능성이 높습니다. 즉, 자신의 역량을 쏟아부어 일을 해도 정작 자신이 이루고자 하는 목적에 집중하지 않으면 헛되이 힘만 쓰고 출발점이 도착점이 되는 악순환을 경험하게 됩니다.

마찬가지로 자신이 내년 팀 성과 창출을 위해 우선적으로 실행해야 할 핵심과제가 결정됐으면 이제 실행을 통해 이루고자 하는 목적이 무엇인지, 실행이 완료됐을 때 목적한 바를 제대로 달성했는지를 판단할 정확한 기준은 무엇인지를 명확히 설정해야 합니다. 한번 생각해 봅시다. 자신이 어떤 일을 수행하면서 결과물로 얻고자 하는 목적이 명확하지 않다면 일을 수행하는 자신조차도 어떤 결과물을 내놓을지 설명하지 못해서 당연히 팀장과 소통도 잘되지 않을 것입니다. 그렇게 되면 성과 창출은 요원해질 수밖에 없습니다.

유통사업팀은 각자 정리한 내년 핵심과제를 놓고 해당 핵심과제 수행을 통해 창출하고자 하는 성과 기준이 무엇인지에 대해 회의하기로 했습니다. 김태웅 프로가 먼저 나섰습니다.

"제가 내년에 수행해야 할 핵심과제 중에 'DD 신상품 마일리지 카드 고객 증대'가 있는데, 이 과제를 수행하고자 하는 목적은 마일리지 적립카드를 많이 발급해 주는 것이라고 생각합니다."

이야기를 잠자코 듣고 있던 홍 프로가 김 프로의 말에 대해 다음과 같이 이견을 내놓았습니다.

"만약 고객에게 마일리지 카드를 많이 발급하는 것이 목적이라면 김 프로와 대리점 직원들은 마일리지 카드를 많이 발급하는 데만 급급하게 될 겁니다. 대리점을 재방문하는 고객들이 추가적인 구매를 하게 만드는 노력을 소홀히 하게 될 수도 있고, 어쩌면 마일리지 카드 발급을 위해 생각지도 않은 편법이 동원될 가능성도 있죠. 김 프로와 대리점 직원들이 마일리지 카드 발급을 통해 궁극적으로 이루고자 하는 바를 생각해 본다면 '추가 구매를 하는 고객들이 늘어나는 것'이 우리가 처음 의도한 목적을 달성하는 것이라고 생각합니다. 저는 이것이 김 프로가 집중해야 할 부분이라고 생각하며, 그렇게 해야 궁극적으로 우리가 원하는 인당 객단가 수준까지 도달할 수 있다고 생각합니다."

이 말을 듣고 장 팀장도 한몫 거들었습니다.

"맞아요. 그동안 김 프로가 일하면서 성과가 제대로 창출되지 않았던 이유를 되돌아보면 조금 전에 홍 프로가 이야기한 부분과 일맥상통해요. 기본적으로 마일리지 카드를 발급받는 고객의 수가 늘어나면 좋겠지만, 카드만 발급받고 실질적인 추가 구매가 이루어지지 않는다면 우리가 애초에 의도한 목적을 달성하지 못하는 셈이 될 거예요. 따라서 홍 프로가 언급했듯이 마일리지 카드 발급 고객을 많이 확보하는 데 목적을 두기보다는, 카드 발급 고객 수가 다소 적더라도 카드를 발급받은 고객의 추가 구매를 늘리는 쪽으로 김 프로의 핵심과제 수행 목적을 잡아야 현명하다고 볼 수 있어요."

이 말을 듣고 있던 다른 동료들은 물론 담당자인 김 프로도 홍 프로와 장 팀장의 의견에 동의했습니다. 성과 창출 과정이 좀 험난할 것으로 예상돼서 그렇지, 실제로 마일리지 카드를 발급받는 고객 중에 추가 구매자가 20퍼센트만 늘어나도 매출이 꽤 올라갈 것 같다는 생각이 들었기 때문입니다. 김 프로는 속으로 마음을 굳게 다졌습니다. '그래, 홍 프로 말이 맞아. 내 입장에서 해야 할 일에 매달리는 바람에 무조건 열심히 일하는 것이 옳은 줄 알고 있었어. 정작 목적하는 바가 무엇인지 자꾸 놓치고 있는 것 같네. 분발하자.'

김 프로는 홍 프로와 장 팀장이 제시한 의견을 적극 수용하여 'DD 신상품 마일리지 카드 고객 증대'라는 핵심과제의 목적을 '카드 발급 후 추가로 구매하는 고객 수를 늘리는 것'으로 수정했습니다.

일하기 전에 '어떤 목적을 달성할 것인가'를 분명히 정해두는 것이 중요한 이유를 친숙한 사례에 빗대어 이야기해 봅시다. 어느 고등학생이 TV에서 인터뷰를 보고 결심했습니다.

'대입 수능 1등 선배가 잠을 하루에 세 시간만 자고 방과 후에 세 시간씩 복습을 충실히 했다고 하니, 나도 그 선배처럼 잠을 세 시간으로 줄이고 매일 저녁 식사 후 세 시간씩 복습하는 것을 목표로 삼아야지!'

이 학생은 과연 현명한 판단을 한 것일까요? 잠을 세 시간 이내로 자고 방과 후 복습을 세 시간씩 하겠다는 의지와 노력은 가상하다고 할 수 있습니다. 하지만 그렇게 열심히 하고도 정작 중간고사나 기말고사에서 성적이 답보 상태이거나 오히려 떨어졌다면 앞서 기울였던 노력이 과연 무슨 소용일까요? 잠을 여섯 시간씩 충분히 자고 아침에 맑은 정신으로 30분씩 복습해서 점수를 5점 이상 올리는 학생이 있다면, 그 학생이 훨씬 효과적으로 목적을 달성했다고 볼 수 있지 않을까요?

일을 하다 보면 "이렇게 한눈팔지 않고 열심히 노력했으면 그걸로 성과가 있다고 봐야 하는 것 아닌가요?"라며 떼쓰는 구성원들을 종종 볼 수 있습니다. 하지만 업무 수행의 목적을 달성하는 것이 중요하다는 의미를 제대로 이해한 구성원이라면 절대 팀장에게 이런 이야기를 할 수 없을 겁니다. 많은 구성원들이 성과를 창출하기 위한 여러 가지 핵심과제와 다양한 활동들을 수행하느라 여념이 없지만, 대부분이 그저 무엇인가를 했다거나 시간을 많이 투자했다거나 또는 열심히 노력했다는 수준에서 만족하고 맙니다. 즉, '목적 달성 여부'를 신중하게 생각하는 것이 아니라 '실행' 자체에만 의미를 두는 것입니다.

물론 한정된 자원을 가지고 부지런히 움직여야 하는 팀원 입장에서 생각해 보면, 당장 실천에 옮겨야만 무엇이라도 결과를 낼 수 있다는 생각이 지배적일 수 있기에 실행을 중심에 두고 업무를 하는 것이 이해되기도 합니다. 열심히 했으니 그것으로 만족하자며 목표 미달을 스스로 위로하는 마음도 조금은 있을 것입니다. 하지만 이는 사람들이 지닌 이기적 편향(self-serving bias)이 원인입니다. '성공은 내 덕이고 실패는 남 탓'이라고 생각하는 자세로, 자신은 열심히 했는데 그저 외부 상황이 좋지 않아서 목표를 달성하지 못했다고 생각하는 경향을 말합니다.

　물론 실제로 외부 상황 때문에 그럴 수도 있습니다. 하지만 열심히 했으니 잘 봐달라고 하소연하는 행동은 하지 않는 것이 좋습니다. 누구보다 열심히 일하고도 아웃풋 없이 허공에 삽질만 한 난처한 꼴이 된다면 자신에게 도움 될 것이 하나도 없습니다. '얼마나 많은 시간을 들여 열심히 공부했는가'라는 '인풋' 관점보다 '단 1점이라도 성적이 향상되었는가'라는 '아웃풋' 관점으로 바라봐야 합니다. 목적 달성 여부에 초점을 맞춰 일해야 진정한 자기주도형 성과책임자로 거듭날 수 있습니다.

　일을 하기 전에 핵심과제 수행을 통해 이루고자 하는 목적을 제대로 인지하는 것이 중요하다는 점을 인식했다면, 이제 그 목적에 해당하는 성과 기준을 측정 가능한 지표나 기준으로 명확하게 만들어야 합니다. 이렇듯 업무를 수행할 때 목적 달성 여부를 판단할 기준이 되는 것이 '핵심성과지표(KPI, Key Performance Indicator)'입니다. 핵심성과지표는 실행자가 핵심과제를 수행해야 하는 이유와 달성해야 하는 목적이 무엇인지 명확하게 알려줍니다. 특히 팀원 입장에서는 팀장이 왜 팀 성과 창출을 위해 자신에게 해당 핵심과제를 부여했는지를 정확하게 이해하고 설명할 수 있는 단초가 될 수 있습니다.

골프를 칠 때 초보자들은 대개 공을 멀리 날리는 데만 신경 쓰느라 방향은 생각하지 않고 고개를 숙인 채 샷을 하는 경향이 있습니다. 그러니 힘이 충분해도 홀의 방향과 달라 결국 홀에서 멀어지게 됩니다. 골프에서는 멀리 치는 것보다도 정확한 방향으로 치는 것이 중요합니다. 업무를 수행할 때도 마찬가지입니다. 방향이 정확해야 자신이 디딘 걸음이 헛수고가 되지 않습니다. 설령 업무 속도가 좀 더디더라도 방향이 제대로 되었다면 성과 창출을 위한 '의미 있는 느림'이라고 이해할 수 있습니다. 하지만 업무를 수행하면서 자신이 창출해 내야 할 아웃풋에 대한 생각이 잘못된 채 계속 전진만 한다면 결국 성과와 거리가 먼 헛수고만 하게 됩니다. 이런 면에서 핵심성과지표는 도달해야 하는 목적지를 위한 이정표 역할을 합니다.

자신이 한 일의 성과 기준을 핵심성과지표로 표현할 수 있는 업무는 제한적입니다. 1년 365일 연속적으로 수행하는 업무는 대개 핵심성과지표를 성과 기준으로 활용할 수 있습니다. 영업, 생산, 구매, 회계와 같은 업무가 그렇습니다. 그렇지만 연구개발 업무나 기획 업무, 디자인 업무, 지원 업무와 같은 단발성 업무나 프로젝트 성격의 업무, 혹은 창출해야 할 결과물을 수치화하기 어려운 업무들도 있습니다. 이런 경우에는 기대하는 결과물을 객관적인 세부 기준으로 서술하여 마치 건물의 조감도와 같이 완성된 결과물의 기준을 객관적으로 인식할 수 있도록 해야합니다. 그렇게 하면 핵심성과지표 만능주의에 빠지는 일을 방지할 수 있습니다.

  김 프로는 얼마 전 자신의 핵심과제별 핵심성과지표를 설정하기에 앞서 장 팀장에게서 미션을 받았습니다.

  "유통사업팀에서 사업 관련 인프라 개선을 위해 야심 차게 추진할 만한 프로젝트를 김 프로가 중심이 되어서 하나 기획하고 도전해 보면 좋겠어요!"

  김 프로는 고민한 뒤 이렇게 보고했습니다.

  "팀장님, 올 한 해 저희 팀에서는 '제안 시스템 구축'이라는 도전과제를 목표로 매진해 보겠습니다. 좋은 성과를 올릴 수 있도록 최선을 다하겠습니다."

  그러지 장 팀장이 물었습니다.

  "그럼, 프로젝트 과제는 그것으로 이해하겠어요. 그런데 김 프로는 제안 시스템 구축을 통해 어떤 목적을 이루려고 생각하고 있나요? 즉, 어떤 아웃풋을 염두에 두고 어떻게 기대하는 결과물을 측정하며 성과를 평가하려는 거죠?"

김 프로는 당황한 듯 머뭇거리며 "그게 아직 좀 더 생각을 해 봐야 할 것 같은데요. 형태야 어떻든 전산으로 제안 시스템을 구축하기만 하면 되는 것 아닌가요……?"라며 말꼬리를 흐렸습니다.

김 프로는 어떤 점을 더 생각해 봐야 할까요? 앞서 핵심과제의 '목적'을 생각하는 것이 중요하다고 한 점을 떠올려 봅시다. '제안 시스템 구축'을 통해 제안 시스템에 접속하는 직원 수를 늘리는 것이 목적인지, 아니면 제안 시스템을 통해 제안된 아이디어를 회사 정책에 반영하는 것이 목적인지, 나아가 관리 비용 절감이 목적인지 등등 다양한 목적 중에 자신이 의도한 바가 무엇이며 현재 조직의 문제 중에서 무엇을 해결하고자 하는지를 분명하게 정해야 합니다. 또한 수행하는 핵심과제의 목적 달성 여부를 판단할 수 있도록 '측정' 가능하고 '예측' 가능한 기준을 핵심성과지표로 설정해야 합니다. '조금만 더 하면 우리가 목적한 바를 달성할 수 있겠구나', '이 정도면 팀장님이 인정해 주실 만한 기준이겠지?' 하는 식의 판단이 가능한 기준으로 핵심성과지표를 도출해야 한다는 뜻입니다. 이에 김 프로는 '제안 시스템 구축'이라는 핵심과제 수행을 통해 달성하고자 하는 핵심성과지표로 '관리 비용 절감'이라는 성과 기준을 도출해 냈습니다.

이 시점에서 자신이 하는 일의 목적을 명확하게 객관화하지 못했을 때 어떤 일이 발생하는지 고민해 볼 필요가 있습니다. 우리가 하는 다양한 일들은 모두 나름의 목적을 가지고 있습니다. 그런데 자기 자신조차 어떤 과제를 수행하는 목적을 100퍼센트 이해하지 못하거나 명확하게 결과물이 무엇이라고 이야기할 만한 객관적인 측정지표를 내놓지 못한다면 나름대로 열심히 한 일들이 모두 결과물과는 상관없는 일이 될 위험이 큽니다.

우리가 하고자 하는 모든 일은 이루고자 하는 결과물을 위한 선행 작업들입니다. 그런데 이루고자 하는 결과물이 어떤 모습인지 제대로 알지 못한 채 막연하게 열심히만 한다면 과연 일을 통해 기대하는 결과물이 제대로 성과로 창출될까요? 마치 목적지가 어디인지 알지 못한 채 막연하게 멋진 곳으로 가고자 하는 사람과 같은 모습일 것입니다. 그런 점에서 팀원들이 자신의 성과목표를 정할 때 객관적이고 측정 가능한 기준으로 표현해 내는 역량이 있다는 것은 자신과 조직의 성과목표가 서로 인과적으로 연결되어 있고, 같은 목석을 향해 매진하고 있다는 근거로서 대단히 중요한 의미를 지닙니다. 성과목표를 지표로 객관화하지 않고 추상적인 과제나 슬로건 형식으로 표현한다면 자칫 상위조직과 팀장의 심중을 읽지 못하고 일이 전혀 엉뚱한 방향으로 흘러갈 수 있습니다. 심지어 본인 스스로 정한 성과목표의 아웃풋 기준조차 제대로 가늠하지 못할 수도 있습니다.

김 프로는 앞선 사례를 거울로 삼아 자신이 올해 수행해야 할 5가지 핵심과제별 핵심성과지표를 각각 도출했습니다. 그리고 얼마 후 장 팀장에게 핵심과제 수행의 목적을 반영한 핵심성과지표를 잘 설정했다고 긍정적인 피드백을 받았습니다.

만약 자신이 아주 중요한 프로젝트를 진행하고 있거나 재작업을 하기에 시간이 촉박할 때 성과목표가 객관적인 측정지표의 형태로 설정되어 있지 않다면 난처한 상황에 빠질 가능성이 높습니다. 특히 연구개발 부서나 경영지원 부서처럼 상대적으로 정성적인 업무를 많이 다루는 구성원일수록 업무 수행을 통해 이루고자 하는 결과물을 측정 가능한 객관적 기준으로 어떻게 표현할 수 있을지 항상 고민해 보는 습관이 필요합니다. 연구개발 업무는 그 일을 수행하는 자신조차도 개발하고자 하는 기술의 상태와 조건 등이 흐릿하고, 같이 일하는 동료나 리더의 머릿속에서도 개발하려는 최종 기술의 모습이 다를 가능성이 농후하기 때문입니다. 따라서 연구개발 부서나 지원 부서 구성원들은 마케팅이나 영업 부서 팀원들보다 하고자 하는 일의 목적을 객관화된 기준으로 표현하려는 노력을 더 많이 해야 합니다. 아울러 핵심성과지표는 '바람직하다', '틀리다' 등의 정성적 지표보다는 구체적인 금액이나 건수, 수량, 비율 등과 같이 객관적으로 측정 가능한 지표의 형태로 표현되어야 합니다.

한 가지 더 유념해야 할 사항은 성과목표는 '내가 하고자 하는 일의 목적을 이러한 기준에 두고 세부적인 일을 하면 되겠다'라는 판단을 할 수 있도록 '사전 업무 수행 기준', '인과적인 전략 실행 기준'으로서의 역할을 충실히 할 수 있어야 한다는 점입니다. 예를 들어 김 프로가 자신이 관할하고 있는 6개 대리점의 '고객 만족도'를 매년 핵심성과지표로 지정하고 점수 추이를 살펴보고 있다고 합시다. 그런데 대리점의 고객 만족도 수준이 별로 향상되지 않아 고민입니다. 통상적으로 고객 만족도는 조직 차원에서 경영 활동이나 사업 활동을 얼마나 잘했는지에 대한 평가지표나 모니터링지표로 활용할 수는 있습니다. 하지만 업무 수행 담당자의 사전 업무 수행 기준이라는 측면에서 살펴봤을 때는 지표로서 적절하지 않습니다. 고객들로부터 만족도 설문을 받아야만 그 결과를 알 수 있는 '사후 판단 기준'의 성격이 강하기 때문입니다.

그러나 핵심성과지표는 업무수행목적지표, 과제수행목적지표라고도 하며 업무 담당자가 업무 수행을 구체적으로 어떤 기준에 맞춰 해야 하는지 업무를 수행하기 전에 안내해 주는 역할을 합니다. 고객 만족도나 현업 지원 만족도, 내부 고객 만족도와 같은 사후 판단 지표의 경우 업무 담당자가 어떤 기준에 맞춰 일을 해야 하는지 실행 전에 구체적으로 알려줄 수 없기 때문에 평가지표는 될 수 있겠지만 핵심성과지표가 될 수는 없습니다. 따라서 김 프로는 각 대리점장들과 함께 어떤 요인 때문에 고객 만족도 점수가 낮게 나오는지 점수에 결정적인 영향을 미치는 요인을 찾아 이를 핵심성과지표로 설정하여 사전 업무 수행 기준으로 전환하는 일을 먼저 고민해 봐야 합니다. 이러한 방식으로 사후 판단 지표를 사전 업무 수행 기준의 형태로 구체화하면 업무 수행에 대한 실질적인 실행 계획을 세우고 실천할 수 있습니다.

장 팀장 또한 이전 직장에서 동일한 문제를 경험했습니다. 그래서 고객들이 각 대리점에 불만족을 느끼는 요인이 무엇이고, 가장 중요하게 요구되는 역할은 무엇인지 등을 꼼꼼하게 분석해 봤습니다. 그 결과 접수부터 응답까지의 소요 기간이 10일 이상 걸려 고객 불만이 쌓이고 있다는 사실을 알게 됐습니다. 그 후 '고객 불만사항 응답 소요 기간'이라는 사전 업무 수행 기준을 대리점 직원들에게 핵심성과지표로 부여하고 3일 이내로 조치하도록 했습니다. 이러한 과정을 통해 고객 만족도를 탁월한 수준으로 향상시킬 수 있었고 한 방향으로 업무 수행 과정을 공유할 수 있었습니다.

한편 자신이 아무리 노력해도 통제할 수 없는 기준을 핵심성과지표로 설정하는 우를 범하지 않도록 해야 합니다. 예컨대 환율, 이직률, 특정 산업의 성장 속도 변화 등과 같이 개인의 노력으로 영향을 미칠 수 없는 기준은 무의미한 성과목표가 될 수 있습니다.

다른 사업부에서 근무하고 있는 김 프로의 한 후배는 식자재 구매를 담당하고 있는데, 해외에서 들여오는 재료가 많아 환율의 등락에 민감합니다. 그는 식자재 수입가를 낮추는 데에서 이익을 내 팀에 기여하고 싶다는 생각에 환차손을 최대한 줄이고자 노력했습니다. 환율 스트레스에 시달리던 그는 마음만 급해서 '환율 변동 폭 10퍼센트 이내'라는 핵심성과지표를 세워 성과 창출 전략을 수립하고 진행해 보려 했습니다. 하지만 그가 환율 변동 폭을 10퍼센트 내외로 줄이기 위해 어떤 전략과 실행 계획을 세우고 이행할 수 있을까요? 그리고 본인의 의도대로 환율이 움직여 주었을까요? 그의 노력으로 환율 변동 폭을 좌지우지할 수 있는 방법은 하나도 없었습니다. 이처럼 자신이 통제할 수 없는 핵심성과지표를 가지고 전전긍긍하는 것은 어리석은 일입니다. 팀장 또한 팀원에게 성과목표를 부여할 때 이 점을 유념할 필요가 있습니다.

정리하자면, 팀원들의 성과목표를 설정할 때는 팀장과 팀원이 함께 목적 달성 여부를 파악할 수 있고, 팀원 스스로 성과 창출 정도를 점검하고 평가 결과를 예측할 수 있는 기준으로 객관화하는 것이 중요합니다. '내가 이 핵심과제를 수행하면서 이런 핵심성과지표를 달성할 수 있도록 집중하면 참 의미가 있겠구나!'라는 마음이 드는 의미 있는 핵심성과지표를 설정한다면 동기부여는 절반 이상 된 것이나 다름없습니다.

어느 정도의 목표가
적정 수준일까?

성과를 창출하기 위해서는 '어느 정도 수준의 성과목표를 성과로 창출해 내야 하는지'를 구체적으로 설정해야 합니다. 그런데 목표를 보수적으로 설정하자니 "1년 동안 대충하겠다는 거냐?"라는 힐난을 받을 것 같고, 도전적으로 설정하자니 "정말로 실현 가능하겠느냐?"라는 의심 섞인 눈초리를 받게 될까 걱정입니다. 과연 어느 정도의 목표가 적정 수준일까요? 목표 수준을 정할 때 리더들이 흔히 빠지는 고민이 있습니다.

예를 들어 김태웅 프로는 지난해 15억 원 매출을 성과로 창출했고 홍재동 프로는 10억 원의 성과를 창출했다고 합시다. 올해 팀에서 30억 원을 목표로 한다면 이들에게 목표 수준을 어떻게 배분해야 할까요? 김 프로의 성과가 좋으니 그에게 더 큰 목표 수준을 부여해야 할까요? 아니면 연봉이 많은 홍 프로가 더 큰 몫을 해줘야 할까요? 이도 저도 골치 아프니 15억 원씩 평등하게 나누어야 할까요? 섣불리 결론을 내리기 전에 한 가지 요소를 더 생각해 봐야 합니다. 과연 두 사람이 회사에서 받는 '몸값'은 얼마인지 말입니다.

몸값이란 무엇일까요? 몸값에는 개인의 과거 성과와 미래의 발전 가능성에 대한 회사의 평가가 반영되어 있습니다. 그러니 몸값에 비례해 성과 책임이 주어지는 것이 합리적입니다. 만약 김 프로의 연봉이 5000만 원, 홍 프로의 연봉이 6000만 원이라면 아무리 김 프로의 과거 성과가 좋았다 하더라도 홍 프로가 더 높은 목표 수준을 감당해야 합니다.

실행으로 바로 옮겨야 하는 단기목표를 세울 때는 외부 환경과 자신의 역량, 주어진 자원의 제약을 다각도로 고려하여 실현 가능한 수준의 목표를 도출해야 합니다. 무엇보다 본인의 몸값과 보유 역량을 감안하여 도전 의욕을 고취해야 실행력을 최고조로 끌어올릴 수 있습니다. 물론 우리 주위에는 몸값과 역량이 딱 맞아떨어지지 않는 사람들도 많이 있습니다. 몸값을 고려한 목표 수준을 설정했는데 막상 역량이 부족하다면 어떻게 해야 할까요? 역량이 부족하니 낮은 수준의 목표로 타협해야 할까요?

아닙니다. 오히려 그때는 자신의 역량 개발 목표를 재수립하고 다부지게 실천함으로써 몸값과 역량을 함께 높이는 계기로 삼아야 합니다.

발뒤꿈치를 들고 어떻게든 시야를 높여보려고 할 때 흔히 '까치발을 하고 있다'라고 이야기합니다. 빗대어 말하면 '까치발 목표 수준'을 얼마나 잘 정하느냐가 관건입니다. 이렇게 까치발 목표 수준을 설정할 때 만약 핵심성과지표가 새롭게 개발된 탓에 과거의 성과 데이터가 없다면 어떻게 해야 할까요? 이때는 시행 후 최초 3개월 또는 6개월의 성과를 1년 단위로 환산하여 기준치로 설정하거나, 동종 기업이나 경쟁사에서 최고 수준으로 인정받는 성과목표 수준을 참고해 설정하는 것도 하나의 방법입니다. 무엇보다 팀의 성과목표를 성과로 창출하는 데 자신이 기여하겠다는 생각으로 목표 수준을 정한다면 크게 무리가 없을 것입니다.

수치 목표를 설정할 때 가장 기본이 되는 원칙은 실현 가능하면서도 도전적인 수준으로 설정해야 한다는 것입니다. 그 이유는 다음과 같습니다.

첫째, 목표 수준을 자신의 역량 대비 120퍼센트 정도 수준으로 설정해야 조직과 개인의 목표를 성과로 창출할 가능성이 높아집니다. 흔히 80의 목표는 100퍼센트 달성해도 결과가 80이지만, 120이라는 목표는 80퍼센트만 달성해도 96을 얻을 수 있다고 하지 않습니까? 120퍼센트 수준의 목표를 설정한다는 것은 플랜 B에 대한 생각이 내포되어 있다는 의미입니다. 그리고 리더가 일방적으로 설정한 도전 목표는 자칫 구성원들이 시작도 하기 전에 쉽게 포기하게 만들 수 있습니다. 리더는 무턱대고 120퍼센트 도전 목표를 요구할 것이 아니라, 성과 창출을 위한 구체적이고 인과적인 전략과 실행 방법을 타깃별로 근거를 가지고 부여한 것임을 팀원에게 충분히 설명해야 합니다. 팀장과 실행하는 팀원 사이에 납득할 수 있는 성과코칭과 수직적 협업이 이루어져야만 도전적인 목표가 팀원들에게 도전 정신과 책임의식을 북돋우는 유용한 동기부여 방책이 될 수 있습니다.

둘째, 도전적인 목표 수준을 설정함으로써 자신의 역량을 개발할 절호의 기회를 얻을 수 있습니다. 보통 연간목표 수준을 지난 1년 또는 3년 성과의 평균치 정도로 보수적으로 설정하는 경우가 많습니다. 그러나 그렇게 했을 때 과연 본인에게 어떤 발전이 있었는지 자문해 볼 일입니다. 잘해보겠다는 의지 대신 '대충해도 되겠네'라는 적당주의가 슬며시 고개를 들지 않았던가요? 기존의 일하는 방식을 혁신할 생각도, 새로운 방법을 창의적으로 적용할 마음도 전혀 생기지 않습니다. 외부 자극이 없는데 혼자서 변화의 의지를 만들어가기란 결코 쉽지 않습니다. 급변하는 경영 환경에 대응할 역량을 쌓기 위해서는 본인을 벼랑 끝에 세워야 합니다. 배수의 진을 쳐야 한다는 말입니다. 그래야 자신의 역량을 개발하려는 욕구와 의지가 생겨납니다.

셋째, 스스로 성장하고 발전하려면 미래를 위한 투자를 계속해야 하며, 그러려면 단기목표만 겨우 채울 것이 아니라 미래 투자 여력을 확보해 둬야 합니다. 하루 벌어 하루 먹고사는 빠듯한 수준을 넘어 내일을 고민할 여유를 만들려면 도전적인 목표 수준을 세우고 이를 넘어서고자 노력해야 합니다. 내년에 당장 성과를 창출해야 하는 과제도 물론 중요합니다. 하지만 당장 성과를 내기는 어려워도 중장기 성과 창출을 위해 조금씩 지속적으로 실행해 나가야 하는 과제도 있습니다. 자신의 역할과 책임을 고려해 이러한 과제를 도전과제로 설정하고 단기과제와 함께 균형적으로 실행해 나가야 합니다.

성과목표 수준을 자신의 역량에 비해 지나치게 높게 설정하여 무리하게 실행하다 보면 금세 지칠뿐더러 의욕도 오래가지 못하고 꺾일 수밖에 없습니다. 의욕만 앞서서 목표 수준을 과대하게 설정하고는 정작 성과가 미미하다면 용두사미가 되기 십상입니다. 목표 수준의 적정성은 성과 창출 전략과 실행 방법이 성과로 창출하고자 하는 목표 수준에 적합한지로 판단합니다. 반대로 '평균의 논리'에 빠져 과거 실적을 기준으로 목표 수준을 지나치게 하향 설정하는 것 또한 조직의 성과 창출이나 자신의 역량 개발과 성장을 위해 결코 바람직하지 못합니다.

김 프로는 장 팀장과 논의하여 내년도에 대리점 6개를 관리하면서 ○○ 지역 ×× 제품 판매량을 높여 달성해야 할 매출액으로 10억 원이라는 수치 목표에 합의했습니다(부록 322p 표 참고). 그런데 김 프로는 여전히 장 팀장이 부여한 목표 수준에 진심으로 수긍하지 못했습니다. 지난 3년간 자신이 맡았던 6개 지점의 연평균 성장률이 5퍼센트 정도에 불과했고, 올해도 발바닥이 부르틀 정도로 뛰어다녔지만 매출 7억 원을 간신히 올렸기 때문입니다. 김 프로는 장 팀장이 이야기한 목표 수준이 무리이며 현실성이 없다는 생각만 들었습니다.

김 프로가 목표 수준을 결정하는 과정에 직접 참여하지 못했기 때문에 납득하기 어려운 심정도 있을 것이고, 자신의 의견을 개진할 기회조차 갖지 못했다는 섭섭함 때문에 수준의 합리성을 떠나 왠지 거부하고 싶은 마음이 들 수도 있습니다. 하지만 김 프로는 도전적인 목표 수준을 설정해 회사나 팀에 무엇인가 기여해 보겠다는 생각보다 어떻게 하면 힘은 덜 들이고 평가는 상대적으로 잘 받을 수 있을까 하는 쪽으로 눈치가 발달해 있습니다. 이래서는 정말 곤란합니다. 과연 김 프로의 생각을 이해해 줘야 하는 것일까요? 장 팀장이 정말 아무 생각 없이 매출액 10억 원을 무턱대고 부여한 것일까요?

제가 많은 기업의 팀원들을 만나다 보면 김태웅 프로와 같은 생각을 가진 사람들을 부지기수로 봅니다. 위와 같은 상황에서 김 프로는 무엇을 성과목표 수준의 적정성에 대한 판단 기준으로 삼아야 할까요? 결론부터 말하자면 팀으로부터 부여받은 성과목표를 성과로 창출해 내기 위한 '인과적인 성과 창출 전략'을 근거로 목표 수준에 대한 논의를 진행하는 것이 바람직합니다.

대부분의 사람들이 목표 자체를 놓고 '적당하다', '무리다'라며 섣불리 판단하는데, 이것은 근거 없는 불안감의 표현일 뿐입니다. 목표 수준이 합리적인지 판단하려면 그 목표를 성과로 창출할 주체가 어떤 전략과 방법을 사용할 것인지, 특히 전략을 실행하기 위해 어느 정도의 예산과 인력이 필요한지를 먼저 구체적으로 산정해 볼 필요가 있습니다. 따라서 김 프로는 내년에 자신이 책임져야 할 목표 수준에 대해 직관적으로 판단하여 불만을 품을 것이 아니라, 자신이 가진 역량이나 활용할 수 있는 가용 자원을 고려해 성과목표를 고정변수목표와 변동변수목표로 세부적으로 구분하여 성과 창출 전략을 수립해 봐야 합니다. 그리고 이를 근거로 목표 수준을 조정하거나 팀장에게 실행을 위한 구체적인 지원 요청 사항을 이야기해 보는 것이 바람직합니다.

실제로 장 팀장은 김 프로에게 매출액 10억 원이라는 목표 수준을 부여할 때 직접 올해 데이터와 고객들의 동향에 대해 미리 분석해 보고 예산을 5000만 원 정도 쓸 수 있게 지원해 주면 10억 원 달성이 웬만큼 가능하다는 시뮬레이션 결과를 바탕으로 의사결정을 한 터였습니다. 그런데 김 프로는 전략 수립도 구체적으로 해보지 않고 그저 감당할 수 없는 목표 수준이라고 볼멘소리만 했으니, 아직까지도 좋은 성과를 내기 위한 생각의 프레임이 잡혀 있지 못한 셈입니다.

반대로 너무 안이한 목표 수준을 설정하는 경우도 비일비재한데 이 또한 대단히 어리석은 일입니다. 따라서 부여된 성과목표에 대해 구체적인 성과 창출 전략과 최소 필요자원을 근거로 목표 수준의 적정성을 판단하는 습관을 반드시 길러야 합니다. 팀장이라 할지라도 목표 수준을 제시할 때 근거 없이 강압적인 형태로 수치를 단순 배분하는 방식으로는 팀원의 성과를 기대할 수 없다는 점을 명심해야 합니다. 팀원의 목표 수준을 뒷받침할 수 있는 환경과 상위조직인 사업본부의 요구사항 등을 분석해서 공유하고, 팀원들이 수립한 전략과 실행 방법에 대한 나름의 분석이 있어야 비로소 팀원들도 정해진 목표 수준을 납득하고 받아들이기가 쉬워집니다.

2장

성과목표 조감도를 그린다

현장 데이터를
객관적으로 분석하라

장 팀장과 함께 일하고 있는 A브랜드 사업본부장은 올해 스포츠·레저 식음료 사업에 좀 더 집중하기로 마음먹었습니다. 스포츠·레저 식음료 사업이란 야구장, 농구장, 축구장, 워터파크 등의 스포츠·레저 장소에서 즐기는 식음료를 판매하는 사업을 말합니다. 주 5일 근무, 핵가족화 등으로 주말 여가 활동 시간이 길어지면서 소비자들의 야외 활동이 늘어남에 따라 이 시장의 규모가 급격히 증가하는 추세입니다. 이에 A브랜드 사업본부장은 자신이 가장 중요하게 챙겨야 할 성과목표로 '스포츠·레저 시장 매출액 50억 원'을 꼽으며, 장유진 팀장에게 유통사업팀의 성과목표를 성과로 창출해 내기 위해 목표에 대한 좀 더 구체적인 공감대 형성이 필요할 것이라고 조언했습니다. 그러면서 장 팀장에게 내년도 성과목표와 관련된 데이터를 구체적으로 분석하고 성과 창출에 결정적인 요소를 찾아 성과목표를 실현 가능한 형태로 보고해 달라고 요청했습니다.

장 팀장은 성과목표에 대한 입체적인 조감도를 구체화하기에 앞서 팀원 각자에게 성과목표와 관련된 현장의 구체적인 데이터를 모아 분석해 보라고 지시했습니다. 김 프로가 장 팀장의 이야기를 듣고 자신의 성과목표를 살펴보니 그중에서 '여성 고객 대상 매출 1억 원'이라는 목표가 내년도 사업부 성과목표 달성과 연관이 있어 보였습니다. 그리고 원활한 성과 창출을 위해 지금 시점에서 자료 조사가 필요하다고 생각했습니다. 아울러 김 프로는 본부장이 직접 챙기는 사안인 만큼 이번 기회를 잘 활용하면 자신이 2년 후에나 기대했던 과장으로의 승진이 좀 더 빨라지지 않을까 하는 생각에 의욕이 솟아 발로 뛰기 시작했습니다. 김 프로가 '여성 고객 대상 매출액 1억 원'을 성과로 창출하기 위해 관련 자료를 조사해 본다면서 가장 먼저 끼운 첫 난추는 바로 관련 사업을 해본 대학교 선배나 외부 전문가를 찾아가 의견을 구하는 것이었습니다.

"아, 선배님, 이번에 좋은 정보 좀 주세요. 선배님은 이쪽 시장만 10년째 아닙니까? 시장을 딱~ 보면 목표하고 전략이 척~ 하고 나올 텐데 어떻게 해야 본부장의 마음에 들 수 있을지 팁을 말씀해 주시면 감사하겠습니다. 아니면 콘셉트라도 좀 이야기해 주세요."

"김 프로, 내가 점쟁이야? 딱 보면 척 알게? 그러지 말고 나 바쁘니까 나중에 이야기하지."

"에이, 선배님! 그러지 마시고 좀 이야기해 주시죠. 사업에서 가장 중요한 것은 감 아닙니까? 선배님의 그 거미줄 같은 정보망과 실타래 같은 경험에 비춰봤을 때 제가 어떻게 접근하는 것이 좋을까요?"

흐뭇한 표정을 지으며 통화를 마친 김 프로는 곧바로 간단한 표와 그래프를 만들고 자신의 주관적인 생각을 담아 성과 창출을 위한 대략적인 시장조사 보고서를 작성하기 시작했습니다.

'그래! 어차피 사업은 직관이 제일 중요한 거야. 이 정도면 충분히 이야기할 수 있겠어. 결국엔 하겠다는 의지를 팀장님과 본부장님 앞에서 보이는 것이 제일 중요하지 않겠어?'

며칠 뒤 김 프로가 제출한 보고서를 읽은 장 팀장은 김 프로를 불러 앉혔습니다.

"김 프로, 제출한 내용은 봤는데…… 초점을 잘못 맞춘 것 같아요. 나는 단지 여성 고객들이 좋아하는 트렌드나 취향 같은 것을 담은 광범위하고 일반적인 정보 조사를 원한 게 아니에요."

그러자 김 프로는 정색을 하며 대답했습니다.

"관련 업계에서 오랫동안 일한 선배들과 외부 전문가들을 만나서 이야기 듣고 정리했습니다. 팀장님, 생각보다 구하기 힘든 자료일 수도 있습니다."

"김 프로, 혹시 김 프로의 성과목표와 관련된 올해 성과는 분석해 봤나요? 올해 여성 고객을 대상으로 우리 회사가 올린 매출액의 구성 요소, 특히 다양한 여성 고객별 세부 매출 비율 등 말이에요. 내년에 김 프로에게 부여된 성과목표를 성과로 창출하기 위해서는 올해 성과를 분석해서 특정 니즈를 가진 다양한 여성 고객들을 대상으로 우리가 어떤 스포츠 식음료 제품을 얼마나 판매할 것인가에 대한 단초를 얻는 것이 중요하단 말입니다. 내년에 집중적으로 공략해야 할 타깃을 찾아내야 조감도를 구체적으로 그려볼 수 있을 것 아니에요! 가장 우선적으로 해야 할 일을 김 프로가 간과한 것 같은데요? 특히 성과목표에 결정적인 영향을 미칠 고객이나 경쟁자 등과 관련된 구체적인 현장 데이터를 직접 보고 분석해 봤나요? 직접 현장을 다녀보세요. 올해 성과를 창출해 내는 과정이 어땠는지 대리점주들 의견도 좀 들어보고요. 무조건 책상머리에 앉아서 문서만 붙들고 오랜 시간 동안 고민하는 건 좋은 습관이 아니라고요. 현장에 꼭 나가보라고 했던 내 말, 잊은 거 아니에요?"

장 팀장의 이야기에 김 프로는 고개를 푹 숙이며 대답했습니다.

"죄송합니다. 올해 성과 창출 과정을 가장 먼저 분석해 봐야 한다는 걸 깜박 잊었습니다. 일단 사업 경험자들의 이야기를 듣는 것이 중요하다는 생각만 하고 올해 어떤 성과를 거두었는지는 미처…… 얼른 좀 더 보완해 보겠습니다."

팀원이 내년에 성과로 창출해야 할 성과목표의 모습을 구체적으로 그려보기 위해서는 현장 데이터를 분석하는 것이 무엇보다 중요합니다. 단순히 예전 경험이나 관련 사업 경험자들의 이야기만 듣고서는 실제 성과가 창출되는 현장 상황을 구체적으로 알기 어렵습니다. 시장도 다르고 고객도 다르고 경쟁자도 다르고 여건도 다르기 때문입니다. 직관적인 '감'에 따라 자기 마음대로 성과목표의 모습을 그려서는 실행으로 옮기기 힘듭니다. 크게 두 가지 측면에서 현장 데이터를 모으고 분석할 필요가 있습니다.

첫째, 내년도 자신의 성과목표와 관련하여 올해 과연 어떤 요인들이 성과 창출을 가능하게 해주었는가를 확인해야 합니다. 제품별, 지역별, 제공 서비스별 등 다양한 기준으로 기존 성과를 확인하고 그중에서 성과를 창출하는 데 결정적으로 작용한 부분이 무엇이었는지를 찾아내는 것이 관건입니다. 올해 성과가 좋았다면 어떤 타깃에 집중하여 성과를 창출했는지 이유를 찾아낼 수 있을 것이고, 아니라면 어떤 타깃에 문제가 있었는지 알아본 후 내년도 성과목표의 세부 타깃 목표 설정에 참고할 수 있습니다.

특히 올해 성과 창출 과정에서 생겨난 고객의 요구사항, 불만 사항 등을 우선순위에 따라 정리해 보는 것이 중요합니다. 그러기 위해서는 당연히 고객 접점에 있는 실무자들의 의견을 꼭 들어봐야 하며, 이를 참조해 내년도 성과 창출을 위해 반드시 공략해야 할 타깃이 무엇인지 구체적인 모습을 찾아갈 수 있습니다. 따라서 김 프로의 경우 올해 여성 고객 대상 매출액은 총 얼마였고 주요 고객층은 누구였는지, 지역별·대상별 비중은 어떠했는지, 성과 창출에 결정적인 영향을 미친 다양한 요인들은 무엇인지를 묶어 공통분모를 밝혀내고 카테고리화하는 활동이 필요합니다.

둘째, 내년도 성과 창출을 위해 내·외부 환경의 어떤 요인들이 성과 창출에 직접적인 영향을 미칠지 조사해 봐야 합니다. 성과 창출에 영향을 미칠 조직 외부의 동향과 내부적인 변화 요인도 함께 분석해야 내년도 자신의 성과 창출에 어떤 유리함과 불리함이 있을지 예측할 수 있습니다.

장 팀장은 며칠간 현장 점주들을 만나고 관련 데이터를 분석하느라 여념이 없는 김 프로를 잠깐 불러 설명을 덧붙였습니다.

"김 프로, 지금 하고 있는 활동들과 더불어 경쟁사 팀원들은 어떤 노력을 기울이고 있는지 검토하고 분석하는 것도 정확도가 높은 성과목표 조감도를 그리는 데 분명 도움이 될 거예요."

김 프로가 큰 소리로 대답하며 빙긋이 웃었습니다.

"네, 팀장님 말씀을 들으니 그 어느 때보다 데이터 축적과 분석의 중요성이 확 다가오네요. 무조건 외부 전문가들 의견이 중요하고 신뢰할 수 있다고 생각해서 내부 데이터 분석의 중요성을 잊어버리고 있었습니다. 이번 일을 계기로 그동안 우리가 창출했던 성과에 대한 데이터를 분석하고 의미를 해석하는 것이 중요하다는 사실을 깨달았습니다. 많이 배웠습니다."

데이터가 모든 것을 결정한다고 볼 수는 없습니다. 하지만 적어도 내년에 자신이 창출해야 할 성과목표를 정하고 이를 성과로 창출하기 위해서는 관련 데이터부터 살펴봐야 합니다. 그 데이터를 바탕으로 인과적 전략을 수립하고 고객 만족과 관련된 의미 있는 해석을 통해 성과목표를 정조준하는 것이 출발점임을 늘 유념해야 합니다.

성과가 창출된 모습을
세밀하게 디자인하라

성과목표의 구체적인 모습에 공감하기 위해서는 우선 해당 성과목표와 관련된 데이터 분석이 중요하다는 이야기를 듣고, 김 프로는 부지런히 내·외부 데이터를 분석했습니다. 이를 바탕으로 내년에 반드시 성과로 창출해 내야 할 '여성 고객 대상 매출액 1억 원'에 대한 밑그림을 완성했습니다. 이 작업에 꼬박 반나절이 걸렸지만 김 프로는 자신이 있었습니다. 정리한 내용을 가시고 장 팀장과 회의실에서 만난 건 그다음 날 오후였습니다.

"팀장님, 제가 내년도에 반드시 성과로 창출해야 할 '여성 고객 대상 매출액 1억 원'이라는 성과목표를 좀 더 실현 가능한 밑그림 형태로 만들어봤습니다. 한번 검토해 보시고 성과코칭해

주시면 보완하도록 하겠습니다."

"그래요. 어디 한번 봅시다."

잠시 후 장 팀장은 고개를 가로저으며 김 프로에게 물었습니다.

"김 프로, 이 성과목표 조감도는 어떤 생각을 가지고 작성한 건가요?"

"팀장님 말씀대로 데이터 분석을 해보니 여러 가지 사실들을 알게 됐습니다. 올해 경쟁사가 저희보다 프로모션 활동을 잘한 것 같아서 내년 4월까지 경쟁사 프로모션 활동을 벤치마킹해서 매출액을 높여보려고 합니다. 동종업계에 있는 선배들로부터 조언을 얻어 판매에 주력하면 여성 고객 매출액 1억 원을 성과로 창출하는 데 도움이 될 것입니다. 그리고 시장에서 저희 제품의 영역을 확대하기 위해서는 외부의 다양한 의견을 반영하여 밀어붙이는 것이 중요하다고 생각했습니다."

김 프로의 대답을 들은 장 팀장은 뭔가 잘못됐다는 표정을 지으며 다시 설명하기 시작했습니다.

"김 프로, 성과목표를 실현 가능한 형태로 '조감도'화한다는 의미를 제대로 알아야 할 것 같아요. 성과목표 조감도를 만들어본다는 의미는 성과목표를 구성하고 있는 타깃, 즉 세부 구성목표들을 찾아내서 어떤 부분을 집중적으로 공략해야 전체 성과목표가 성과로 창출될 수 있을지 시뮬레이션해 보는 것이라고 생각하면 돼요. 마치 집을 짓기 전에 설계도를 바탕으로 완성된 집의 입체적인 조감도를 그려보는 것처럼 말이에요. 그런데 지금 김 프로가 작성해 온 조감도는 단순하게 외부 전문가 의견과 경쟁사 전략을 벤치마킹해서 잘해보겠다고 하는 지침이나 방향만, 아니 주요 업무 추진 계획만 고민한 결과 아닌가요? 여성 고객을 대상으로 매출액 1억 원을 달성하기 위해 어떤 세부 고객층을 핵심적인 타깃으로 삼아 공략할지가 머릿속에 상상이 안 되니 여전히 목표가 성과로 창출된 모습이 구체적으로 보이지가 않아요. 김 프로가 만든 조감도를 다시 한번 보세요. 그런 생각이 안 드나요?"

장 팀장의 이야기를 묵묵히 듣고 있던 김 프로는 속으로 아차 싶었습니다. 이제야 성과목표를 조감도로 구체화한다는 의미가 무엇인지 어렴풋이 깨닫게 됐습니다. 자연스럽게 뭐가 부족했는지, 무엇을 보완해야 할지도 눈에 들어왔습니다. 김 프로의 변화된 표정 속에서 무언가 깨달음이 있음을 간파한 장 팀장은 이어서 질문했습니다.

"만약에 연말이 되었는데 김 프로가 목표로 했던 매출액 1억 원을 성과로 창출해 내지 못하고 7000만 원만 달성했다고 가정해 보죠. 그럼 김 프로는 성과목표를 미달성한 원인을 어떻게 설명할 수 있을 것 같아요?"

그러자 김 프로는 머리를 긁적이며 '글쎄요, 그때가 돼봐야 알 수 있을 것 같은데요'라는 표정을 지어 보였습니다. 장 팀장은 말을 이어갔습니다.

"김 프로가 1차적으로 그려 온 성과목표 조감도를 보니 대략 어떻게 이야기할지 알 수 있을 것 같아요. 아마도 '첫째, 경쟁사 벤치마킹을 제대로 잘하지 못했고 둘째, 외부 전문가의 의견을 제대로 반영하지 못해서 매출액 3000만 원을 달성하지 못했습니다'라고 이야기할 것 같아요. 어때요, 내 말이 맞나요?"

장 팀장의 이야기를 들으며 김 프로는 '정말 그렇게 될 수 있겠구나' 하는 생각에 뜨끔했습니다. 결국 구체적인 고객층이나 타깃을 설정하지 못한 것이 원인인데, 지금의 조감도만 가지고 보면 애초에 하기로 한 일들을 제대로 실행하지 못해 제대로 된 결과가 나오지 않았다는, 목표를 미달성한 본질적인 원인과는 상관없는 이야기가 되어버리기 때문입니다.

성과목표를 구체적인 조감도로 나타내 본다는 것은 다음의 두 가지 측면에서 대단히 중요합니다. 하나는 일을 통해 얻고자 하는 결과물의 구체적인 '세부 구성 요소'가 무엇인지 정확하게 알게 된다는 것이며, 다른 하나는 고객에게 제공하고자 하는 '가치'가 무엇인지 파악해 볼 수 있다는 점입니다. 김 프로도 이런 두 가지 측면에서 자신이 과연 '여성 고객 대상 매출액 1억 원'에 대한 조감도를 정확하게 그려내고 있는지 냉철하게 돌아봤어야만 했습니다.

건물 공사를 할 때는 이미 완성된 건물의 이미지를 구현해 낸 입체적인 조감도를 보면서 공사에 참여하는 작업자들이 각자 맡은 임무를 충실히 해냅니다. 성과목표도 마찬가지입니다. 특히 조감도를 그릴 때는 그저 집 짓는 순서를 나열하는 데 그쳐서는 안 됩니다. 기초공사부터 1층을 올릴 때 주의해야 할 점과 외벽 공사는 어떻게 해야 하는지, 또 인테리어 공사는 어떤 방향으로 할 것인지 등을 따져가며 실제로 집을 구성하고 있는 요소들을 최대한 구체적으로 표현해 보는 것이 핵심입니다. 예를 들어 1층에는 주방, 거실, 작은방 1개와 샤워실이 들어가고, 2층에는 큰방 2개, 화장실, 작은 다목적실, 3층에는 다락방이 위치하는 등 집을 다 지었을 때의 구체적인 모습이 명확하게 그려져야 합니다.

김 프로도 연간 성과목표를 성과로 창출하기 위해 성과목표의 세부 구성 요소를 구체화한다고 노력은 했으나, 여전히 막연한 형태에 그치고 있었습니다. 자신의 감과 외부 전문가의 조언, 유사한 사업 경험을 한 선배의 조언은 물론 유용할 수 있습니다. 하지만 그것은 그림을 잘 그리기 위한 방법이나 지침, 유념해야 할 사항 중 하나일 것입니다.

김 프로는 곧바로 올해 여성 고객을 대상으로 올린 매출 현황과 고객 성향 등을 다양한 각도에서 분석해 봤습니다. 올해 여성 고객을 대상으로 한 매출이 7000만 원이었는데 그중 20대 대학생을 대상으로 한 매출 비중이 40퍼센트로 제일 많았고, 싱글로 생활하는 30대 전문직 여성의 매출 비중이 25퍼센트로 그다음을 차지했다는 사실을 알게 됐습니다.

김 프로는 이를 바탕으로 '20대 여대생'을 대상으로 4000만 원, '30대 싱글 전문직 여성'을 대상으로 3000만 원, 신규 타깃 고객인 '40대 미시족'에게 2000만 원, 그리고 '10대 여자 청소년'을 대상으로 1000만 원, 이렇게 매출 1억 원에 대한 세부 구성 요소를 생생하게 이미지화해 정리했습니다(부록 323p 표 참고).

김 프로가 다시 보완해 온 성과목표 조감도를 본 장 팀장은 만면에 웃음을 띠었습니다.

"오호, 김 프로. 고민을 많이 하니 이전보다 훨씬 구체화된 성과목표 조감도를 그려냈네요. 조감도를 다시 그려보니 어떤 느낌이 들었나요? 이제는 김 프로가 내년에 여성 고객을 대상으로 매출 1억 원을 올리기 위해 어떤 타깃에 집중해야 할지 윤곽이 좀 보이지요? 그리고 이전보다 훨씬 실현 가능성이 높다는 생각이 들 거예요. 설사 나중에 목표 매출액에 조금 미달했다 하더라도 그 원인에 대해서 공략했던 목표 고객을 중심으로 명확하게 밝혀낼 수도 있겠죠? 수고했어요."

마음 졸이던 김 프로의 얼굴이 비로소 밝아졌습니다.

다시 한번 강조하지만, 성과목표를 조감도화하는 것은 성과목표가 성과로 창출된 상태의 세부 구성 요소와 목표가 달성된 상태를 세밀하게 디자인해 보는 일입니다.

그리고 우리가 지향해야 하는 '성과 창출'이란 업무 수행을 통해 어느 시점에 창출하고자 하는 결과물의 이미지를 얼마나 구체적으로 구현해 내는가와 관련이 있습니다. 만약 자신이 창출하고자 하는 결과물의 모습이 매출액 5억 원, 원가 절감액 8000만 원, 신규 고객 증가율 20퍼센트와 같이 단순 수치 목표의 형태로만 표현되어 있다면 어떨까요? 수치 목표가 달성된 구체적인 모습이 그려지지 않으면 목적의식도 희박할 수밖에 없습니다. 한편 우리가 습관처럼 해오고 있는 소위 '업무 관리'란 마치 집 짓는 순서처럼 목표 달성을 위해 당연히 해야 할 일들을 언제 어떻게 하겠다는 업무 추진 계획의 형태인 경우가 대부분입니다.

원하는 성과를 제대로 창출하기 위해서는 업무 관리 방식이 아니라 성과 창출 방식으로 일을 해야 합니다. 자신이 창출하고자 하는 성과목표에 대한 조감도를 구체적으로 구상하지 않고 무턱대고 실행으로 옮기는 것은 마치 건물을 지을 때 설계도 없이 경험이나 느낌으로 지어나가는 것과 다를 바 없습니다. 처음에는 바빠 보이고 뭔가 열심히 하는 듯이 보이지만 어떤 부분에 시간을 더 들여야 할지, 혹은 어떤 난관이 있을지를 모르고 일하는 것입니다. 이런 식으로 건물을 지어봐야 애초에 원하던 모양으로 튼튼한 내구성을 지닌 건물이 지어질 것이라고 기대하기 어렵습니다. 최소한 자신의 성과목표에 대해 이를 구성하고 있는 세부적인 요소를 사람들 앞에서 20~30분 정도 충분히 설명할 수 있고, 핵심적인 타깃이 어디인지를 논의할 수 있을 만큼의 스토리를 갖고 있어야 합니다. 그래야 자신이 기대하는 성과목표가 제대로 성과로 창출될 수 있습니다.

초상화를 그리듯
핵심 타깃을 묘사하라

장 팀장의 성과코칭을 받아 김 프로는 여성 고객을 대상으로 한 올해 제품별 매출액을 재정리해 봤습니다. 그리고 추가로 여성 고객을 연령별 고객 매출액으로 나누어 정리해 보니 장 팀장의 성과코칭 포인트가 정확했다는 것이 더욱 확실해졌습니다. 그저 제품별 매출액을 정리했을 때는 누구에게 어떻게 팔아야 할지 막막했지만, 고객별로 매출액을 정리해 보니 내년도 성과목표인 매출 1억 원을 성과로 창출하기 위해 구체적으로 어떤 여성 고객들을 공략해야 할지가 좀 더 선명하게 눈에 보였습니다. 김 프로는 내년도 성과 창출을 위해 자신이 집중해야 할 고객들로 20~24세 여대생과 35~40세 싱글 여성 직장인을 꼽았습니다.

특히 내년도에 업계 전반적으로 소비 트렌드를 주도할 35~40세 싱글 여성 전문직 종사자들을 어떻게 공략할지가 중요할 것으로 예상되었습니다.

그런데 성과목표를 구성하는 핵심 타깃이 어느 정도 뚜렷해지자 김 프로는 '이 정도면 다 된 건가?' 하는 의구심이 들었습니다. 뭔가 부족한 느낌이 들었습니다. 그래서 장 팀장에게 의견을 구하고자 따뜻한 커피를 들고 찾아갔습니다.

"팀장님, 전체 시장에서 저희 고객들의 구성비와 올해 저희 매출액에서 차지하는 여성 고객 구성비를 맞춰 내년도 저의 성과목표를 위한 세부 구성 요소를 잡아봤는데요. 사실 저희 제품은 단품 위주의 일회성 제품이 주력인지라, 제가 성과목표 조감도 안에 포함시킨 30대 싱글 여성 직장인들에게 과연 얼마나 매출을 뽑아낼 수 있을지 걱정이 됩니다."

"고객은 어떻게 분류했죠? 그냥 연령대별로 나누었나요?"

"아니요. 대리점 직원들의 도움을 받아 고객 연령대별, 직업별, 저희 매장을 어떻게 알고 방문했는지 등 다양한 요소를 기준으로 분석해 봤습니다."

"시간을 두고 우리가 타깃으로 생각하는 고객의 욕구와 행동 패턴을 살펴봅시다. 그러면 성과목표 조감도가 제대로 구체화되었는지 좀 더 명확해지지 않을까요? 우리가 집중해야 하는 타깃의 초상화를 그린다고 생각하고 치밀하게 조사해 보세요. 한마디로 '고객 조감도'를 그려서 가지고 오세요. 아셨죠?"

"예? 고객 조감도요? 그걸 어떻게?"

"'현장에서 단서를 찾고, 현장에서 생각하라.'「CSI」 같은 수사 드라마를 보면 나오는 말인데 나는 아주 인상 깊었어요. 김 프로도 현장에 직접 가서 성과목표 조감도를 좀 더 확실하게 다지기 위한 실마리를 찾아보는 건 어때요?"

"일단 알겠습니다. 말씀해 주셔서 감사합니다."

김 프로는 장 팀장과 의논하고 돌아오는 길에 속으로 '이거 혹 떼러 갔다가 되레 혹 붙이고 온 꼴이네. 어떻게 고객 조감도를 그려오라는 거야?'라며 마음이 불편해졌습니다. 하지만 이야기를 들은 마당에 가만히 앉아 있을 수만도 없어서 토요일에 잠실 야구장으로 향했습니다.

'장 팀장님 말대로 직접 눈으로 고객의 행동을 관찰해 봐야겠어. 내 눈으로 직접 고객을 보면 뭔가 찾을 수 있겠지.'

하지만 막상 야구장에 도착하니 어디부터 살펴보고 어니에서 타깃 고객을 찾아 구체적인 조감도를 그려야 할지 막막했습니다. 김 프로는 일단 회사 제품 판매점이 잘 보이는 2층 계단에 자리를 잡았습니다. 매장이 늘어선 모습이 눈에 들어와서 주로 어떤 고객들이 들어가는지 볼 수 있었고, 출입문 앞이라 표를 내고 들어가는 고객들의 모습도 잘 관찰할 수 있었습니다.

'오케이, 자리 좋네. 포인트는 여기야.'

김 프로는 앞서 핵심적으로 공략해야 할 타깃으로 파악했던 35~40세 싱글 여성 직장인으로 보이는 사람들을 살펴봤습니다. 이들이 주로 연인과 함께 야구장에 와서 레인보우푸드의 에너지 음료를 사 가는 모습을 무수히 목격할 수 있었습니다.

'하긴 야구장이 연인들 데이트 코스로는 최고지.'

어느 정도 예측할 수 있었던 사실이긴 하나 막상 이렇게 눈앞에서 실제 타깃 고객의 성향과 니즈를 확인하니 한층 더 재미를 느낄 수 있었습니다.

또 하나 주목하게 된 광경은 30대 후반의 직장인으로 보이는 여성들이 의외로 다양한 동호회 사람들과 함께 있는 모습이었습니다. 이들은 김 프로 회사가 직영하는 판매점을 찾아 간식거리를 많이 사 갔습니다.

'오호라, 평일이 아닌 주말에 30대 후반 여성 직장인이라면 혼자 있는 시간을 즐기거나 정적인 활동을 많이 할 것 같았는데, 의외로 이 시간에 다른 사람들과의 친목 도모를 위해 야구장을 찾는구나. 이건 눈으로 직접 관찰하지 않고서는 알 수 없는 사실이네.'

김 프로는 야구 경기가 끝날 때까지 30대 후반 싱글 여성 직장인 고객을 찾아다니며 눈에 띄는 성향과 공통적인 행동 패턴들을 빠짐없이 기록해 나갔습니다.

장 팀장의 이야기를 듣고 현장에 나가서 실제로 고객들의 동향을 살펴보니 김 프로는 그제야 성과목표 조감도에 포함되어 있는 세부 타깃 고객들의 욕구와 행동 패턴을 머릿속에 확실하게 그려볼 수 있었습니다. 성별, 연령별, 직업별 구분이라는 일반적인 틀을 뛰어넘어 왜 여성들이 우리 회사의 스포츠 식음료 제품을 사러 오는지, 어떤 용도로 사는지, 누구와 함께 구매하는지, 어떤 옷을 주로 입고 다니며 어떤 가치를 소중하게 생각하는

타깃 고객 조감도

타깃: 35~40세의 싱글 여성 전문직 직장인(직장 경력 평균 15년)

- 타깃 고객은 직장인 남자 친구(평균 연봉 8000만 원)가 50% 이상 있으며, 한 달에 3~4번씩 온라인 쇼핑을 한다.
- 직장에 갈 때는 대중교통을 이용하며, 주말에는 주로 SUV 차량을 몰고 스포츠 레저 활동을 즐긴다.
- 월 평균 2회 이상 야구나 축구 같은 스포츠 경기를 관람하고, 이때 콜라나 사이다 같은 탄산음료보다는 에너지 드링크를 90% 이상 사 먹는다.
- 카드사 영화 할인 같은 혜택보다 외식 상품이나 특정 먹거리 부문에서 확실한 혜택을 안겨주는 것을 좋아한다.

지 등을 구체적으로 그릴 수 있게 된 것입니다. 김 프로는 장 팀장이 말한 '고객 조감도를 그려본다는 것이 바로 이런 거구나' 하는 생각과 동시에 내년에 자신이 여성 고객을 대상으로 매출 1억 원을 반드시 올릴 수 있겠다는 확신이 들었습니다.

'내가 창출해야 할 성과목표를 확실히 공략할 수 있는가?'를 판단할 때는 해당 성과목표와 관련된 과거 실적 데이터만으로는 불충분합니다. 앞의 사례에서 장 팀장이 김 프로에게 이야기했던 것처럼 성과목표를 구성하고 있는 핵심 타깃, 즉 세부 구성요소들이 과연 어떤 속성과 특징을 가지고 있는지 세밀하게 묘사해 볼 필요가 있습니다. 이런 과정을 통해 성과 창출을 향한 자신감이 충만해질 수 있습니다.

어떤 타깃을 대상으로 무슨 가치를 제공해야 할지 모르는 채 디자인하는 성과목표 조감도는 탁상공론일 뿐입니다. 특히 성과목표 조감도 안에서 타깃 고객을 묘사해 볼 때 자신에게 의미 있고 공략 가능한 속성이 무엇일지 구분하여 생각해 보는 것이 중요합니다. 그렇기 때문에 현장에 가서 타깃 고객들의 모습을 직접 파악하는 일이 꼭 필요합니다.

야구장을 찾은 30대 후반 전문직 직장 여성들이 단순히 일회적 소비보다는 연인과의 데이트 때 회사의 제품을 찾았던 모습을 고려해 봅시다. 연인들이 손을 잡고 같이 걸어갈 가능성이 많으니 가볍게 한 손으로 들 수 있는 신제품을 개발해야겠다는 아이디어를 떠올릴 수 있습니다. 동호회 사람들과 함께 온 여성들에게는 식사 대용의 간식 판매에 집중해야겠다는 맞춤형 아이디어로 대응할 수도 있습니다. 이처럼 타깃에 대한 확신을 갖게 되는 순간 다양한 아이디어를 떠올릴 수 있습니다. 그때 비로소 성과목표 조감도의 세부 구성 요소가 정확하게 조준됐다고 볼 수 있습니다.

더 나아가 팀장은 팀원들이 자기 업무의 주 고객을 제대로 파악하고 이를 생생하게 그려보도록 하는 것 못지않게, 조직 차원에서 고객들을 면밀히 관찰할 수 있는 환경을 만들어주어야 합니다. 현장에 충분한 재량권을 부여하고 고객 만족을 위해 적극적인 노력을 기울일 수 있도록 지원해 줘야 합니다.

일본에서 각광받은 이색 서점인 '빌리지 뱅가드'는 다른 매장에 비해 규모가 크지 않지만 서적, 캐릭터 상품, 인테리어 소품, 빈티지 제품 등 다양한 물건을 갖추고 있어 구경하는 것만으로도 즐거움을 줍니다. 이 매장이 불황에도 급성장할 수 있었던 이유는 바로 고객과 바로 닿아 있는 점포 매니저에게 모든 권한을 부여해 현장에서 상황에 따라 고객에게 최적의 제안을 할 수 있도록 한 데 있습니다. 단순한 데이터로 고객을 구분한 것이 아니라 현장에서 고객을 관찰하고 이를 바탕으로 성과목표 조감도를 디자인함으로써 큰 성과를 거두었다는 점에 주목해야 합니다.

왜 업무 지시가 아닌
성과코칭해야 할까?

일반적으로 '성과코칭'을 실적이나 성과가 부진한 구성원을 질책하고 잘못을 깨닫게 하는 것이라고 생각하는 경우가 많습니다. 구성원에게 해답을 주고 일일이 가르치는 것, 혹은 자신의 경험과 지식에 기반하여 일장 훈시나 설교를 하는 것이 올바른 성과코칭이라고 잘못 생각하는 경우도 종종 있습니다. 그래서 성과코칭을 경쟁력 있는 활동이나 생산직인 활동으로 보지 않는 사람도 많습니다.

요즘 현업에서 실무를 담당하는 구성원의 대다수는 MZ세

대입니다. 이들이 기업에 입사하면서부터 조직에서도 많은 변화가 시작됐습니다. 과거의 직장인들이 승진과 보상을 중요하게 생각했다면 MZ세대는 일의 목적과 의미, 발전과 성장, 지속적인 소통을 중시하는 편입니다. 이들은 과거의 방식대로 혼내고 가르치면서 따르도록 하는 것을 원하지 않습니다. 일에 대한 자율성과 실행 권한을 갖기를 원하고, 창의성을 발휘해 일할 수 있는 문화 속에서 스스로 깨닫기를 바랍니다. 이러한 MZ세대의 특성에는 업무 지시보다 성과코칭 기법이 훨씬 더 적합합니다. 외부 시장 환경이 변화하고 구성원들의 특성도 달라졌으며, 내부의 업무 도구가 고도화되고 업무 내용도 보다 전문화·세분화됐습니다. 이는 예전의 상사 중심의 업무 지시 방식에서 실무자 중심의 성과코칭 방식으로 이동할 수밖에 없는 당위성을 말해줍니다.

성과코칭을 해야 하는 보다 근본적인 이유는 다음의 두 가지로 볼 수 있습니다. 첫째, 시장 환경이 고객 중심 환경으로 바뀌었습니다. 고객 접점에 있는 실무자들이 발 빠르게 의사결정을 하지 않으면 고객들은 금세 대체 공급자에게로 떠납니다. 이제 더 이상 실무자들의 업무 실행 방법에 대해 상사가 일일이 끼어들 수 있는 상황이 아닙니다. 일에 대한 과거의 경험이나 축적된 지식은 상위리더가 더 많을지 몰라도, 실무자는 요즘 현장에 대한 데이터나 고객에 대한 정보가 더 많고 AI 활용 스킬도 월등한 편입니다. 그러므로 실무자가 성과를 창출하기 위한 전략과 방법을 결정하고, 상위리더가 기준과 비교해 검증하고 감리하는 성과코칭을 할 수밖에 없습니다.

둘째, 사람은 누구나 자기주도적으로 일하고자 하는 본능이 있습니다. 다른 사람에게 간섭받는 것은 다들 싫어합니다. 자기가 알아서, 자기가 주도해서 일할 때 더욱 보람이 크기 때문입니다. 사실 MZ세대뿐 아니라 지금 이 시대를 살아가고 있는 모든 사람이 자기주도적으로 일하고 싶어 합니다. 이것이 바로 리더가 '성과코칭'해야 하는 이유입니다.

제2부

Preview

성과 창출 전략 수립

공략 타깃을 세분화해야

성과를 창출해 낼 수 있다

3장

공략 타깃을 결정한다

누가 핵심 공략
대상인가?

장유진 팀장은 팀원들에게 각자 10월 말에 합의한 내년도 성과목표 중에 가장 중요하다고 생각되는 성과목표 한 가지를 정해서 연간 성과 창출 전략을 수립하여 일주일 내에 제출해 달라고 요청했습니다.

어느덧 입사 7년 차에 접어든 김태웅 프로는 얼마 전 자신이 내년에 창출해야 할 성과목표 중에 가장 중요한 것으로 '여성 고객 대상 매출 1억 원'에 대한 성과목표 조감도를 그려봤기에 연간 성과 창출 전략 수립은 별로 대수롭지 않게 여겼습니다. 늘 하던 대로 2~3월 중으로 각 대리점에 계약직 아르바이트를 2명씩 추가로 지원하기, 대리점 직원들의 서비스 강화를 위해 2개월간 근무 시간 이후에 집합 교육하기, 매월 각 지점을 4회 방문하기 등을 전략으로 나열했습니다. 가정의 달 5월에는 대리점별 특별한 이벤트를 시행하겠다는 과제도 추가했습니다. 또 매년 자신의 성과 창출 전략에 등장하는 단골 메뉴인 차별화된 고객 서비스를 개발하겠다는 과제 등을 포함시켜 장 팀장에게 제출했습니다. 하지만 김 프로의 성과 창출 전략 보고서를 읽어가던 장 팀장의 표정은 점점 어두워져만 갔습니다. 장 팀장은 급기야 한 소리 안 할 수가 없었습니다.

"김 프로, 지금 나에게 보여준 성과 창출 전략이 과연 '여성 고객 대상 매출 1억 원'을 성과로 창출하기 위한 전략이 맞나요? 지금 김 프로가 수립해 온 전략들은 남성, 여성, 가족들에게도 보편적으로 적용할 수 있는 너무 일반적인 과제들뿐이잖아요. 무엇보다 앞서 성과목표 조감도상에서 우리가 집중적으로 공략해야 할 대상이 누구인지를 설정해 보는 것이 가장 중요한 포인트라고 이야기했는데, 그 내용이 전혀 없어요. 단순히 업무를 어떻게 진행할 것인지 순서를 나열해 놓은 것에 불과하네요. 올해와 달라진 것이 도대체 무엇인가요? 기껏 성과목표 조감도를 잘 그려놓고도 지금까지 자신이 핵심적으로 공략해야 할 타깃이 누구인지를 모르고 있네요. 내가 바란 것은 김 프로가 열심히 발로 뛰겠다는 의지나 올해와 똑같은 인풋 중심의 시계열적 업무 추진 계획이 아니에요. 성과목표를 성과로 창출하기 위해 정말로 공략해야 할 핵심 대상이 누구인지를 정확히 꿰뚫고 있는지를 보고 싶었는데, 실망스럽네요."

많은 사람이 만족스럽지 못한 결과에 대한 원인 분석을 치밀하게 해놓고도 이를 기초로 한 전략 수립이나 의사결정은 생각보다 진부한 형태로 제시하곤 합니다. 예를 들어 현실 정치가 가진 문제점의 원인을 여러 각도에서 분석하고 나서 "뭐 정치가 다 그렇고 그런 거지. 유권자들이 투표를 잘해야지 별수 있겠어?"라는 말로 정리한다거나, 회사 경영의 문제점을 치열하게 찾아낸 후에 "결국 리더가 바뀌지 않으면 우리 회사는 힘들 거야"라고 결론짓는 경우가 그렇습니다.

이와 같은 현상이 일어나는 주된 심리적 원인으로 지나친 '일반화의 오류'를 들 수 있습니다. 원인이 다르면 그에 따른 해법도 달라져야 하는데, 전략적으로 생각한다는 것이 마음처럼 쉽지 않고 금세 지치게 되니 적당한 선에서 일반적인 해법을 제시하고 할 일을 끝마쳐 버리는 것입니다. 물론 전략을 수립하는 일이 쉽지는 않습니다. 그렇다 해도 아무런 의도나 방향성이 없는 막무가내식 일 처리는 분명 고객 만족을 얻고 성과를 창출하는 데 한계가 있다는 점을 기억해야 합니다.

앞에서 장 팀장이 이야기했듯이 전략이란 한마디로 '성과목표를 성과로 창출하기 위해 공략해야 할 타깃을 찾아내고 타깃별 공략 방법을 수립하는 것'을 말합니다. 따라서 김 프로는 자신의 연간 성과목표를 성과로 창출하기 위한 전략을 수립할 때 먼저 성과목표 조감도를 명확하게 확인하고 어떤 타깃을 집중적으로 공략할지 심도 있게 고민했어야 합니다. 불특정 다수를 대상으로 하는 무차별적 실행이 아니라, 명확한 의도를 가지고 최종 성과의 핵심을 좌우할 만한 타깃을 선정해 이를 정확하게 공략하는 것이 무엇보다 중요합니다. 이 사실을 잊는다면 헛발질만 늘 뿐입니다.

장 팀장에게 호되게 질책을 받은 김 프로는 자기 자리로 돌아가서 무엇부터 해야 할지 다시 고민하기 시작했습니다. 우선 앞서 그려봤던 '여성 고객 대상 매출 1억 원'에 대한 성과목표 조감도를 떠올렸습니다. 그리고 장 팀장이 이야기했던 내용들을 곱씹어 봤습니다

'팀장님이 성과목표 조감도를 염두에 두고 어떤 대상을 집중적으로 공략할 것인지에 대해 다양한 요인들을 고려해 보라고 하셨지. 한번 해보자. 우선 성과목표 조감도 안에 들어 있는 타깃 중 30대 싱글 전문직 여성들이 과거에 무엇을 원했고 어떤 점들

을 중요하게 생각하는지 살펴봐야겠어. 가만있자, 지난번에 내가 관리하는 대리점 점장들이 30대 싱글 전문직 여성 고객들을 분석해서 정리해 준 자료가 있었는데……'

올해 '30대 싱글 전문직 여성 고객 분석 자료'를 쭉 훑어본 김 프로는 뭔가 깨달았다는 듯 무릎을 쳤습니다.

'그래, 대리점 네 군데에서 과거에 해당 고객들이 가장 많이 어필했던 내용이 크게 두 가지가 있네. 일단 30대 싱글 전문직 여성이 많은 오피스와 학원 밀집 지역에서는 점심시간을 유동적으로 사용하는 고객이 많기 때문에 12시에서 1시 사이를 제외한 시간에도 혼자서 언제든지 즐길 수 있는 '1인 메뉴'가 많이 팔렸구나. 추가로 관련 신제품을 개발해 달라는 요청도 많았고. 혼자 식사를 즐겨도 대접받는 기분으로 제대로 구성된 메뉴를 즐기고 싶어 하는 욕구가 강했군. 예상했던 대로 30대 싱글 전문직 여성들이 우리 회사 제품에 대한 호기심이 크다 보니 다양한 요청들도 많네. 최근 고객들의 요청 사항에 대한 우리 회사의 노력을 감안한다면 이번에 집중적으로 30대 싱글 전문직 여성들을 공략해 볼 필요가 있겠어.'

다음으로 김 프로는 '40대 미시족에 대한 고객 조사 보고서'를 훑어 내려가다가 몇 가지 정보를 접하고 회심의 미소를 지었습니다.

'어라, 40대 미시족들은 최근 열풍을 일으키고 있는 자연주의 식사 문화 영향으로 인공감미료나 향이 첨가되지 않으면서도 다이어트 효과까지 있는 생과일 음료와 디저트용 젤리에 관심이 많구나. 특히 블루베리 음료와 망고젤리는 다른 경쟁 기업들보다 우리 회사 제품의 맛이 가장 좋다는 칭찬이 많네. 이번에 40대 미시족을 대상으로 매출 2000만 원을 올리는 것이 전체 매출액 1억 원을 달성하는 데 대단히 중요한 역할을 하게 될 것 같아. 내가 주로 공략해야 할 핵심 대상임이 분명해.'

반면 고객 조사 보고서의 내용 중 부록에 담겨 있던 '10대 고객 현황 자료'를 보다가는 다소 긴장했습니다.

'내가 조감도상에 포함시켰던 10대 여자 청소년들은 사춘기 소녀들이라 그런지 굉장히 까다롭네. 최근 홈 파티가 대중화되면서 10대 여자 청소년들이 떠들썩한 친구 모임 대신 가족과 오붓한 시간을 보낼 수 있도록 푸짐하게 즐길 수 있는 세트 메뉴를 예약 주문하는 경우가 증가하고 있군. 문제는 우리 회사 세트 메뉴 포장이야. 디자인이 투박하고 촌스럽다는 의견과 샐러드드레싱의 포장용기가 사용하기 불편하다는 불만이 무려 30건이나 있었군. 올해 이 부분을 잘 해결하지 않으면 성과목표 달성이 어려울 수도 있겠어.'

여러 가지 다양한 분석과 판단을 통해 김 프로는 마침내 '30대 싱글 전문직 여성' 대상으로 매출 3000만 원, '40대 미시족'을 대상으로 매출 2000만 원을 올리는 것을 고정변수목표, 즉 공략해야 할 우선적인 타깃으로 선정했습니다. 그리고 '10대 여자 청소년'을 대상으로 매출액 1000만 원을 올리는 것을 변동변수목표로 선정하여 사전에 해당 고객 공략에 대한 리스크를 제거하고 제대로 실행 계획을 짜야겠다고 마음먹었습니다.

김 프로가 성과목표 조감도 내의 특정 타깃을 대상으로 고정변수목표와 변동변수목표를 도출한 내용을 다시 확인한 장 팀장은 김 프로에게 다음과 같은 긍정적인 피드백을 주었습니다.

"이렇게 정리를 해보니 이제 여성 고객을 대상으로 김 프로가 달성해야 할 매출액 1억 원을 성과로 창출하기 위해 어디를 집중적으로 공략해야 할지가 좀 보이네요. 올해 분석 보고서를 통해 열심히 노력하면 이루어질 수 있는 고정변수목표와 창의적인 생각을 하고 혁신적인 방법을 동원해야 성과로 창출될 수 있는 변동변수목표를 잘 찾아낸 것 같아요. 애썼어요."

김 프로는 안도의 한숨을 내쉬었습니다.

어떤 사람들은 성과 창출 전략을 애써 수립할 필요가 없다고 주장하기도 합니다. 아무리 타깃을 생각하고 창의적인 방법을 고안하더라도 외부 환경이나 우리가 설명할 수 없는 요인 때문에 쓸모없게 되는 경우가 많다는 겁니다. 하지만 실제로 전략이 기업이나 개인의 성과 창출에 얼마만큼의 영향력을 발휘하는지에 대한 실증 연구를 살펴보면 약 45퍼센트는 우리 자신이 통제할 수 없는 요인에 영향을 받지만, 나머지 55퍼센트는 우리가 전략적으로 얼마만큼 파고드느냐에 따라 성과가 달라질 수 있다고 강조합니다. 즉, 외부환경요인에 대해 불평불만을 늘어놓기보다는 성과 창출을 위해 객관적으로 데이터를 분석하고 핵심 공략 타깃을 찾으려 노력하는 것이 훨씬 더 생산적인 일입니다.

아직까지도 초기에 보였던 김 프로의 생각과 행동처럼 많은 사람이 그저 변죽만 두드리는 업무 추진 계획에 파묻혀 있는 것이 현실입니다. 성과 창출에 가장 중요한 영향을 미치는 인과적인 타깃에 대한 분석 없이 단지 주어진 실행 업무를 어떻게 하면 잘 수행할 것인가에만 초점을 맞춘 단순 업무 계획, '업무 실행 지침'을 전략이라고 착각하고 있는 것입니다.

어떤 타깃을 대상으로 실행에 집중하느냐에 따라 같은 일을 해도 성과가 달리 창출될 수 있습니다 아무리 성과로 창출하기 어려워 보이는 성과목표일지라도 체계적으로 전략을 수립해서 실행한 사람은 일을 효율적으로 진행하여 원만하게 끝낼 수 있습니다. 하지만 그 반대라면 당장 눈앞에 닥친 일을 처리하기에도 급급해 일에 질질 끌려다니게 됩니다. 문제가 발생했을 때는 대응력이 약하고 실수도 빈번할 수밖에 없습니다.

또한 성과 창출에 중요한 영향을 미치는 정확한 공략 타깃과 방법이 없다 보니 매년 전략이랍시고 세운 계획들이 거의 대동소이합니다. 올해와 다른 창의적인 전략들이 제대로 도출될 리가 없습니다. 그렇다 보니 경영 환경과 내·외부의 조건들이 예년과 동일하지 않은 이상 성과를 창출할 확률은 매우 낮을 수밖에 없습니다. 결국 연간목표 따로, 전략 따로가 되어버리며 시간 낭비, 노력 낭비, 자원 낭비가 될 것은 불을 보듯 뻔합니다.

성과 창출 전략의 핵심은 가장 중점적으로 공략해야 할 세부 타깃을 선택함으로써 사전에 실패 리스크를 최대한 줄이는 것임을 꼭 기억해야 합니다.

타깃별 맞춤
공략 방법을 수립하라

레인보우푸드에서는 내년부터 전사 차원에서 각 사업본부별로 내실을 다져 반드시 성과목표를 성과로 창출해 줄 것을 강조하고 있습니다. A브랜드 사업본부 내에 속해 있는 유통사업팀도 예외는 아닙니다. A브랜드 사업본부장은 장 팀장에게 회사에서 원하는 성과목표 달성을 위해, 유통사업팀 팀원들 각자가 자신의 연간 성과 창출 전략을 수립할 때 창의적인 아이디어를 발휘하여 타깃별 세부 공략 방법을 작성해 달라고 요청했습니다. 그래서 장 팀장 주재로 유통사업팀 전체가 모여서 이에 대해 논의를 시작했습니다.

"오늘 미팅은 지난주에 말씀드린 대로 우리 팀이 사업부 성과목표 달성에 기여하기 위해 각자 성과 창출을 할 때 어떠한 창의적인 방법을 활용할 수 있을지 발표하는 시간을 갖고자 합니다. 그럼 어디 김태웅 프로부터 이야기해 볼까요?"

"제게 부여된 연간 성과목표 중 '여성 고객 대상 매출 1억 원'을 성과로 창출하기 위한 성과목표 조감도를 그려보았고 핵심 공략해야 할 타깃으로 '30대 싱글 전문직 여성 매출액 3000만 원'을 선정했습니다. 세부 공략 방법으로는 매장을 찾은 30대 여성 직장인 고객들이 주문을 할 때 여성 고객의 입맛에 맞춘 '1인 메뉴'를 적극적으로 홍보해서 매출을 극대화하도록 하겠습니다. 그리고 고객들이 메뉴를 고를 때 불편을 겪지 않도록 직원 교육을 미리 잘 시켜놓는 것이 중요하다고 생각합니다. 이상입니다."

그러자 장 팀장은 회의적인 반응을 보였습니다.

"앞서 김 프로가 성과 창출을 위한 고정변수목표와 변동변수목표를 고려해 타깃을 잘 선택한 것까지는 좋았는데, 선택된 공략 대상들을 고려해 구체적으로 어떤 창의적인 아이디어로 공략할 것인지에 대한 부분은 여전히 미흡하다는 생각이 드네요. 뭔가 기발하면서도 고객의 욕구를 충족할 수 있는 방법이 없을까요? 김 프로가 지금 얘기한 대로 여성 고객들의 입맛에 맞춘 '1인 메뉴'를 적극적으로 홍보하고 직원들에게 그 메뉴를 권유하도록 교육시키기만 하면 과연 30대 싱글 전문직 여성을 대상으로 매출 3000만 원을 무난하게 성과로 창출할 수 있을까요? 적극적으로 홍보를 해보겠다, 혹은 직원들을 열심히 교육시키겠다는 것은 항상 나오는 얘기인데 지금 김 프로가 말한 내용은 누구나 생각할 수 있는 너무 일반적인 이야기인 것 같네요."

그러고는 다음과 같이 이야기를 이어나갔습니다.

"만약 30대 싱글 전문직 여성을 대상으로 매출 3000만 원을 올리려 한다면 앞서 올해의 고객 조사 보고서에 나와 있던 30대 싱글 전문직 여성들의 구매 요인에 주목해 오피스나 밀접 지역 근무 고객들을 대상으로 '1인 메뉴' 판매 구성을 어떻게 가져갈 것인지, 가격은 어느 정도로 할 것인지, 또 어떤 채널을 통해 어떻게 홍보할 것인지가 구체적으로 나와야 된다고 생각해요.

예를 들면 최근 30대 전문직 싱글 여성 고객들에게 가장 인기가 많았던 과일·샐러드 애피타이저 2종, 연어구이·닭고기조림·돼지고기구이 등 메인 요리 4종과 생과일 음료 3종 중에서 한 가지씩을 고객들이 직접 선택해서 '1인 메뉴'로 구성할 수 있도록 한다든지 말이에요. 그리고 30대 싱글 전문직 여성이 많이 분포한 오피스와 학원 밀집 지역 대리점 네 곳에서는 전문직 여성들의 근무 행태를 감안하여 1인 메뉴 주력 판매 시간을 오전 11시부터 오후 2시까지로 늘리고 '찾아가는 배달 서비스' 같은 것을 획기적으로 운영하겠다는 등의 공략 방법이 나와야 하지 않겠

냐는 거죠. 아니면 판매할 제품 중에서 그들이 선호하는 블루베리 음료 주문 시 적정 할인 혜택을 준다거나 하는 방법도 세부적으로 논의해 볼 수 있을 것 같은데요. 김 프로와 더불어 다른 팀원들도 잊지 말아야 할 점은 세부 공략 방법을 수립할 때도 공략 대상의 특징적인 요인이나 핵심 구매 요인에 집중해 맞춤형 공략 방법을 수립하는 것이 중요하다는 겁니다."

장 팀장의 참신한 생각을 들은 팀원들은 모두 고개를 끄덕일 수밖에 없었습니다. 한편 장 팀장은 시선을 돌려 구매를 비롯한 사업지원을 맡은 박명진 프로에게 어떠한 실천 방안을 고민해 봤는지 물었습니다. 박 프로는 다음과 같이 자신의 성과목표와 타깃별 공략 방법을 밝혔습니다.

"제가 내년에 성과로 창출해야 할 성과목표는 '기존 제품 구매 원가 절감액 2억 원'입니다. 이를 달성하기 위해 성과목표 조감도를 그려본 후 대리점에 들어가는 HMR(Home Meal Replacement, 가정 간편식) 제품의 구매 원가 9000만 원 절감을 핵심 타깃으로 정했습니다. 최근 많은 고객들이 직접 요리를 하기보다는 즉석 조리 음식이나 레토르트 식품을 사 먹고, 시간을 줄이면서도 건강에 좋은 반완제품 형태를 선호하고 있습니다. 이에 따라 HMR 제품 시장이 전년 대비 약 15퍼센트 증가할 것으로 예상되기에 특히 HMR 제품의 구매 원가를 좀 더 경쟁력 있게 만드는 것이 핵심이라고 보입니다.

아울러 올해 성과를 분석해 봤을 때 성과목표 조감도상에서 특별히 공략하기에 어렵다고 느껴지는 세부 타깃은 현재 없습니다. 그래서 올해 매출 현황까지 함께 분석해 본 결과 HMR 제품의 구매 원가 절감액 9000만 원을 성과로 창출하는 데 필요한 핵심 요소로 1인 메뉴에 들어가는 닭고기 식자재 재주문 처리를 감소시켜 기존 메뉴 가격을 그대로 유지할 수 있도록 하는 것을 꼽았습니다. 예상대로 실행이 가능하다면 약 4000만 원가량의 원가를 절감할 수 있을 것으로 생각됩니다. 아울러 고품질 저가격 토마토를 안정적으로 공급하는 것이 무척 중요하기 때문에 수급 불안에 대비하여 사전에 토마토 소싱 채널을 다양하게 확보하는 것이 우선되어야 한다고 보입니다. 이를 통해서도 올해보다 약 5000만 원의 원가를 절감할 수 있을 것으로 생각됩니다. 이 두 가지 요인이 HMR 제품의 구매 원가 절감액 9000만 원을 성과로 창출하는 데 가장 영향력이 크다고 생각되며, 두 요인에 집중하여 반드시 실행으로 옮겨야 할 각각의 세부 공략 방법을 다음과 같이 세워 봤습니다.

먼저 닭고기는 올해 TV 방송에서 피부 미용과 골다공증 예방, 현대병 예방, 두뇌 활동에 효능이 있다고 전파되면서 주문량이 전년 동기 대비 약 30퍼센트 성장했습니다. 그런데 기존에 납품받던 H회사 닭고기의 질이 떨어져서 근처 소매 매장에서 재주문하여 처리하다 보니 추가로 약 4000만 원 정도의 예산 투입이 발생했습니다. 당시 기본 가격을 인상해야 한다는 이슈가 제기되기도 했습니다. 게다가 고객들이 요청한 기간 내에 제품을 공급하지 못해서 주문 취소가 발생한 경우가 총 51건이 있었습니다.

그래서 저는 수도권 내 S축협 및 E축협과 제휴를 맺어 우수한 품질의 닭고기를 보다 경쟁력 있는 가격에 확보할 수 있도록 노력해 볼 생각입니다. 그렇게 하면 최근에 제기됐던 가격 인상 문제까지도 해결할 수 있을 것입니다. 아울러 H회사에서 납품받는 닭고기 식자재 검수 횟수를 2배 이상 확대할 예정이며 납품받는 닭고기 품질 수준 또한 10퍼센트 상향 조정하여 엄격하게 운영할 예정입니다. 그리고 만일의 상황에 대비하여 비상시 재주문 처리할 수 있도록 S축협과 E축협을 공식 업체로 지정하여 활용할 예정입니다. 그렇게 되면 구매 원가를 약 4000만 원 정도 절감할 수 있다고 생각됩니다.

그리고 최근 HMR 제품에서 가장 중요한 식자재가 바로 토마토입니다. 세계적인 장수촌의 장수 비결이 토마토라는 기사가 나오면서 완전히 빨갛게 익혀 먹는 토마토 요리에 대한 반응이 뜨겁습니다. 이번에 회사에서 신제품으로 개발된 토마토조림,

토마토 샐러드 등의 제품이 인기를 얻으면서 토마토 공급을 안정적으로 확보하는 일이 더욱 중요해졌습니다. 따라서 과거 저희 회사와 거래 경험이 있는 경기도 퇴촌 지역의 직영 농장과 연 단위로 계약 재배 협정을 맺고 내년 한 해 고품질 저가격의 토마토를 안정적으로 확보할 수 있도록 하겠습니다. 제가 알아본 바에 의하면 저희와 거래가 가능한 직영 농장은 약 세 곳 정도로 압축해 볼 수 있고, 이를 통해 절감할 수 있는 구매 원가는 대략 5000만 원 정도 될 것으로 예상됩니다. 다른 식자재보다도, 말씀드린 것처럼 닭고기와 토마토의 구매 루트를 다양화하고 원가 관리에 힘쓴다면 HMR 제품의 가격 변동 없이 구매 원가를 낮춰 이익을 더 늘릴 수 있다고 생각합니다."

"그래, 바로 이거예요. 구매 원가 9000만 원을 절감하기 위해 두 가지 식자재 원가를 절감하려는 전략을 선택해 전략별로 참신한 실행 아이디어를 생각해 봤네요."

장 팀장은 박 프로가 타깃을 충분히 고려하여 세운 타깃별 공략 방법에 큰 지지를 보내주었으며, 다른 사람들도 박수로 동의했습니다(부록 324p 표 참고).

김 프로의 잘못된 사례와 박 프로의 바람직한 사례를 비교해봤을 때, 우리가 원하는 성과목표를 성과로 창출하기 위해 무턱대고 생각나는 대로 실행해서는 괜히 힘만 들고 소기의 성과를 거두기 어렵다는 것을 알 수 있습니다. 따라서 항상 핵심적으로 공략해야 할 대상을 선택하고 그 대상을 가장 효과적으로 공략할 수 있는 방법을 찾아 실행으로 옮겨야 합니다. 이 과정을 의식적으로 생각하는 습관을 들이는 것이 중요합니다.

창의적인 아이디어를 발휘하여 구체적으로 성과 창출 전략을 수립하기 위해서는 무엇보다도 먼저 실행으로 옮길 전략을 명확하게 선택해야 합니다. 정확하게 설정되지 않은 막연한 의지의 표현이나 당연히 해야 할 업무의 나열은 결코 전략이라고 말할 수 없습니다. 당사자조차 무엇을 위한 업무 추진 계획인지도 파악이 잘 안되는 수준이라면 곤란합니다. 또한 연간 단위로 구체적인 전략과 공략 방법을 수립할 때는 자신이 활용할 수 있는 자원인 시간, 정보, 예산 등을 얼마나 활용할 수 있을지도 관건입니다. 가뜩이나 한정된 자원을 어떤 곳에 집중하여 쏟아부을지를 결정하기 위해서는 반드시 핵심적으로 공략할 대상과 방법을 정하고 일을 시작해야 합니다. 타깃과 전략이 없으면 창의적인 아이디어와 구체적인 실행 방안이 절대로 도출될 수 없습니다.

플랜 B를
준비하라

김 프로와 연간 성과 창출 전략에 대한 성과코칭을 끝내가던 장 팀장은 '아차' 하는 소리와 함께 김 프로에게 말을 건넸습니다.

"한 가지 생각난 게 있는데 연초에 우리가 옆 구매 부서에서 소개해 준 신규 업체와 식자재 공급 관련 계약을 맺었다가 중간에 파기된 적 있었죠? 내년에도 신규 업체가 두 군데나 들어와 있던데 그런 사태가 다시 없으리란 법이 없으니 만일의 사태를 미리 대비하는 백업 플랜을 가지고 있는 것이 좋겠어요."

"걱정 마십시오, 팀장님. 이번에는 정말 확실하니까요. 올해와 같은 일은 절대로 없을 겁니다."

하지만 이 대화가 끝나고 일주일이 지나기가 무섭게 김 프로는 장 팀장 앞에서 몇 번이고 머리를 조아리며 사과의 말을 해야만 했습니다.

"죄송합니다, 팀장님. 새로 거래하게 된 A파트너사와 신규 계약을 하면서 그쪽 회사의 평판이 아주 좋아 원만한 관계를 유지하면 매출액 10억 원을 무난히 달성할 수 있으리라 생각했었습니다. 그런데 갑작스럽게 A파트너사의 담당 팀장이 교체되고 새로 온 팀장이 계약을 파기하자는 의견을 전해왔습니다. 정말 죄송합니다. 이럴 줄 알았으면 지난주 팀장님께서 말씀해 주셨을 때라도 대안을 미리 마련해 둘 걸 그랬는데……. 정말 이럴 줄 몰랐습니다."

돌발적인 상황이나 위기와 같은 리스크 요인은 예고하고 찾아오지 않습니다. 마치 숲길을 걸어가다가 나무에서 떨어지는 열매같이 언제 어떤 형태로 우리에게 다가올지 모를 일입니다. 따라서 유사시를 대비하여 예정된 전략이 틀어지더라도 성과목표를 성과로 창출할 수 있도록 비상 계획인 플랜 B를 사전에 준비해야 합니다. 혹시라도 맞이할 수 있는 위기를 모면하기 위해서입니다. 옛날에는 어른들이 무조건 '한 우물만 파라, 그래야 성공한다'라고 말하기도 했습니다. 그러나 지금은 우물의 수명이 다했거나 들이는 노력에 비해 얻는 것이 적을 때를 대비해 미리 다른 우물도 찾아보고 준비할 수 있어야 합니다.

　김 프로는 장 팀장이 이야기하지 않았더라도 사전에 성과 창출에 리스크로 작용할 가능성이 있는 요인들을 미리 파악하고 혹시라도 실행으로 옮기기로 한 전략이 무용지물이 될 경우를 대비해 비상 대안을 마련해 뒀어야 했습니다. 계약하기로 되어 있던 A파트너사가 신의를 저버리고 계약을 파기하더라도 차순위로 계약을 맺고 물건을 공급받을 수 있는 다양한 공급 채널을 확보해 놓았어야 했다는 겁니다. 일이 터지고 나서야 마땅한 대책이 없었다고 말하는 것은 안일한 태도이며 핑계일 뿐입니다. 김 프로가 성과목표를 성과로 창출하기 위한 플랜 B를 사전에 좀 더 준비했더라면 자신과 유통사업팀의 성과목표를 성과로 창출하는 데 어려움은 없었을 것입니다.

　일을 하다 보면 김 프로처럼 긍정의 자기최면을 거는 사람들을 생각보다 많이 볼 수 있습니다. 물론 '잘될 거야, 잘할 수 있을 거야'라는 생각은 사람을 심리적으로 편안하게 만들고 자신감을 채워주는 장점도 있습니다 반면 '잘 안되면 어떻게 하지? 이번에 실패하면 그다음엔 어떻게 해야 할까?'와 같은 생각은 두려움과 불안에 떨게 하여 자신이 가지고 있는 역량조차 발휘하지 못하게 할 수도 있습니다. 그러니 사람들이 긍정의 기운을 자신에게 불어넣음으로써 불안감을 없애고 싶어 하는 것은 충분히 이해가 되며 실제로 효과도 있습니다. 다만 잘 안될 수 있는 1퍼센트의 가능성에도 충분히 대비하여 어떻게든 기대하는 성과목표를 성과로 창출하려는 자세야말로 경쟁자들보다 조금이라도 앞서나가는 태도라고 할 수 있습니다.

만약 플랜 B가 제대로 수립되어 있지 않으면 문제가 발생한 이후 전혀 대응이 안 되어 혼란에 빠질 확률이 높습니다. 김 프로는 지금이라도 자신의 연간 성과목표를 성과로 창출하기 위한 전략들을 총체적으로 리뷰해 보고 타깃별 실행과제를 120퍼센트 이상 준비해 놓아야 합니다. 그뿐만 아니라 그 모든 전략이 제대로 실행되지 않을 경우를 대비한 플랜 B까지 성과 창출 전략에 포함시켜 두어야 합니다. 그래야 위기 상황을 극복하고 자신이 기대하는 성과를 창출할 수 있습니다.

일상으로 잠시 눈을 돌리면, 연극이나 뮤지컬에서도 플랜 B가 얼마나 중요한지 알 수 있습니다. 인기 있는 연극이나 뮤지컬 공연에서는 주인공이 공연 당일 부상을 당하거나 개인적인 사정으로 공연에 참석하지 못할 경우를 대비해 주인공 캐스팅 때부터 '언더스터디'라고 명명한 주인공 대역을 미리 선발해 놓습니다. 언더스터디는 공연을 못 할 수도 있는 불확실한 위치이지만, 공연의 처음부터 끝까지 실제 주인공과 동일하게 연습해 만일의 사태에 대비합니다. 언더스터디가 출연하지 않았다는 것은 주인공이 공연을 무사히 끝냈다는 의미이고, 만일 출연하게 됐다면 이는 주인공의 부재를 메울 기회를 얻었다는 뜻입니다. 해당 기획사나 극단으로서는 예상 리스크를 상당 부분 줄일 수 있는 훌륭한 플랜 B라고 할 수 있습니다.

장 팀장은 얼마 뒤 김 프로를 따로 불렀습니다.

"살다 보면 아무리 멋진 목표와 훌륭한 전략을 수립해 놓았어도 예상하지 못한 돌발 상황들이 발생하곤 해요. 하지만 바로 거기서 성공한 사람과 실패한 사람의 차이가 갈립니다. 실패한 사람은 일이 잘못되고 나서야 돌발 상황 때문에 실패했다고 변명을 해요. 그러나 성공한 사람은 돌발 상황이 발생할 것을 예상해서 대비책을 세워놓고 기어이 성과목표를 성과로 창출해 내죠. 내가 얼마 전 연간 성과 창출 전략을 위한 팀 회의에서 김 프로에게 식품 분야 글로벌 회사인 K사를 대상으로 우리 회사 HMR 제품 매출을 올릴 수 있는 방법을 미리 수립해 보라고 지시한 것도 우리와 현재 거래를 맺고 있는 국내 기업들의 상황이 안 좋아질 것을 대비해 플랜 B 차원에서 대응하려고 했던 거예요. 사업에서는 봐주는 것이 없어요. 만일의 사태에 대비해 꼼꼼하고 치밀한 시나리오가 사전에 준비되어 있지 않으면 돌발 변수가 발생할 때마다 쩔쩔매고 손해를 봐야 할 겁니다. 그러면 우리가 원하는 것을 얻을 수 없게 되죠."

장 팀장의 말에 김 프로는 연신 고개를 끄덕였습니다.

어떤 일을 하다 보면 지극히 개인적인 역량의 문제든 외부 환경의 탓이든 돌발 변수는 항상 발생하게 되어 있습니다. 그때 우왕좌왕하지 않고 어떻게 유연하게 대처하느냐에 따라 그 사람의 진짜 내공이 드러납니다. 어떠한 상황에서도 성과목표를 성과로 창출해 낼 수 있을 정도로 다양한 전략을 손에 쥐고 있는 사람이야말로 진정한 프로라고 할 수 있습니다. 결론적으로 연간 차원의 성과 창출 전략을 준비하는 과정에서 핵심적으로 공략해야할 타깃과 세부 공략 방법을 보다 여유 있게 설정해 두는 것은 물론, 만일의 돌발 사태에 대비한 플랜 B까지 사전에 고민할 수 있는 넓은 생각의 폭을 가지도록 노력해야 합니다.

4장

성과 창출 전략을 성과코칭한다

실행하기 전
한 번 더 성과코칭하라

A브랜드 사업본부장은 CEO로부터 긴급하게 시장점유율을 높이기 위한 방편으로 신규 법인 고객을 연간 50곳 이상 확보하라는 추가 성과목표를 부여받았습니다. 본부장에게 성과 창출 전략을 구체화해 달라고 요청받은 장 팀장은 취지를 설명하고 팀원 각자에게 추가로 성과목표를 부여했습니다.

특히 김 프로에게는 수도권 지역을 대상으로 중소기업 법인 10곳을 확보하라는 성과목표를 부여하고 2주 안에 성과 창출 전략을 수립해서 제출해 달라고 요청했습니다. 장 팀장은 혹시나 김 프로가 놓치는 부분이 있을까 봐 설명을 덧붙였습니다. 올해 팀에서 법인 고객들을 대상으로 올렸던 성과를 구체적으로 분석하여 신규 법인 고객 10곳을 확보하기 위한 공략 타깃과 창의적인 방법을 찾아보라고 알려주었습니다.

장 팀장의 설명을 한참 동안 들은 김 프로는 내년에 신규 법인 고객 10곳을 확보하기 위해 어떤 중소기업들을 공략해야 할지 성과 창출 전략을 수립하고자 장 팀장 말대로 기존 법인 고객들의 현황을 조사했습니다. 그런데 생각보다 관련 데이터들이 많아 이를 어떻게 의미 있게 분류하여 핵심 공략 대상을 찾을 것인지 방법을 찾아내기가 어려웠습니다. 그렇다고 한참 바쁜 선배 홍 프로에게 물어보기도 쉽지 않은 상황이었습니다.

일주일 정도가 지나고 장 팀장은 김 프로와 회의실에서 커피를 한잔하며 일상적인 이야기도 잠시 나누었습니다. 장 팀장은 지난번 추가로 부여했던 수도권 지역 신규 법인 고객 10곳 확보를 위한 성과 창출 전략 수립은 어떻게 진행되고 있는지 물었습니다. 사실 김 프로는 그간 고민만 했지 진척된 내용이 하나도 없었습니다. 그런데도 현재 특별히 어려운 부분은 없으며 기한 내 멋진 성과 창출 전략을 수립해서 보여드리겠노라고 호언장담했습니다.

김 프로는 속으로 걱정이 됐지만 그렇다고 요청받은 과제를 못 하겠다고 할 수도 없었습니다. 몇 가지 어려움에 봉착했지만 일단 자기 나름대로 전략을 수립해 보기로 마음먹었습니다. 그러나 장 팀장이 핵심적으로 짚은 내용인 올해 법인 고객 현황 분석을 통한 시사점을 뽑아내는 데 주력하기보다 단순히 올해 지역별·규모별·매출별 법인 고객 현황, 경쟁업체가 보유하고 있는 법인 고객 현황 등을 현란한 그래프와 그림으로 채운 보고서 작성에만 집중했습니다. 그러다 보니 실질적으로 수도권의 어떤 기업을 어떻게 공략할지에 대한 내용이 포함되지 못했습니다. 확보목표를 위한 안정적인 고정변수목표와 상대적으로 난이도가 높은 변동변수목표를 도출하고 이를 공략하기 위한 구체적인 방안을 담아야 했지만, 그 자리에 현란한 그래프와 도표들만 가득 채웠던 것입니다.

무엇보다 김 프로는 그 시점에서 장 팀장에게 미리 성과 창출 전략에 대해 성과코칭을 받거나 의견을 구할 생각을 하지 못했고, 얼마 후 자신이 보기에도 눈 가리고 아웅 하는 식의 성과 창출 전략을 장 팀장에게 건네야 했습니다. 아니나 다를까, 내용을 검토하던 장 팀장의 표정이 예사롭지 않았습니다. 당장 다음 주에 A사업본부장에게 보고해야 할 내용이었는데, 시간이 얼마 남지 않은 상황에서 완성도가 떨어지는 성과 창출 전략을 건네받았으니 장 팀장의 기분이 좋을 수가 없었습니다.

"김 프로. 지난번에는 잘 따라오더니 갑자기 왜 이래요? 설마나 골탕 먹이려고 그러는 거예요? 내가 사전에 이야기해 준 부분이 하나도 담겨 있질 않네요. 도대체 수도권에 있는 어떤 기업들을 공략해서 신규 법인 고객 10곳을 확보하겠다는 건지 타깃 기업도 없고, 차별화된 공략 방법도 안 보이고. 잘 모르겠으면 사전에 내게 성과코칭을 요청했어야죠!"

김 프로는 뒤늦은 후회를 했지만 이미 물은 엎질러진 뒤였습니다.

사실 이는 많은 직장인들이 종종 맞닥뜨리는 상황입니다. 팀장이 연간 성과 창출 전략 수립을 위한 핵심 포인트를 설명해 줄 때는 '그렇게 하면 되겠네' 하고 잘 이해가 되는 것 같지만, 막상 스스로 하려 할 때는 눈앞이 하얗게 변하면서 멍하니 모니터만 바라보게 되는 상황 말입니다. 그래도 어찌어찌 초안이라도 작업하고는 있지만 마음 한구석에는 무엇인가 잘못되어 가고 있다는 느낌이 들 때가 있지 않은가요? 사실 속으로는 모르겠으면서도 사전에 팀장에게 질문하거나 조언을 구하지 못해서 범하는 실수입니다. 질문을 하면 자기가 잘 알고 있지 못하다는 사실을 만천하에 인정하는 꼴이 될까 봐 두렵기도 하고, 또 어찌 됐든 팀장에게 꾸중을 듣는다는 것이 유쾌한 일은 아니기 때문입니다. 가만히 있으면 중간이라도 가는데 괜히 이것저것 의견을 듣는답시고 나섰다가 일이 더 커지는 않을까 하는 마음도 들 수 있습니다. 그러다 보니 팀장과 성과코칭 시간을 갖는 일이 부담스럽기도 할 것입니다.

그러나 질책이나 쓴소리 들을 각오를 하고서라도 과감하게 사전에 다시 한번 성과코칭을 적극적으로 받으려고 노력하는 것이 올바른 행동입니다.

김 프로 입장에서는 스스로 성과 창출 전략의 완성도를 높이고 싶은 마음이 있었을 터이고, 잔소리나 핀잔을 들으면 기분이 나빠질 것 같아서 내용이 미흡한 줄 알면서도 애써 피하고자 했던 마음도 있었을 겁니다. 또한 막상 성과 창출 전략에 대해 피드포워드 방식으로 성과코칭을 받는 자리에서 자신이 어떻게 대응해야 할지 걱정만 앞섰을 수도 있습니다. 하지만 호미로 막을 일을 가래로 막을 필요는 없습니다. 일에 감정을 실을 필요도 전혀 없습니다. 아무리 꾸중이 듣기 싫어도 일을 그르쳐서 저조한 성과를 내는 것보다는 잔소리 좀 듣는 편이 훨씬 더 낫다는 사실을 알아야 합니다. 물론 리더의 사전 성과코칭을 잔소리로 생각하지 않는다면 더욱 좋습니다.

피드포워드(feed-forward)란 어떤 일을 실행에 옮기기 전에 결함이나 문제점들을 예측해 미래의 성공 가능성을 높이기 위한 접근 방식을 말합니다. 즉, 일을 착수하기 전에 성공에 필요한 정보나 의견을 미리 제공하는 것입니다. 예를 들어 기계에 문제점이 발생하기 전에 필요한 조치를 취하는 것과 같은 맥락이라고 볼 수 있습니다. 사후 교정에 초점을 두는 피드백(feedback)과 달리, 피드포워드는 발생 가능한 문제를 예방할 방법을 미리 알려주는 사전 예방의 측면이 강하다고 할 수 있습니다.

일을 시작하지 않은 단계에서 팀장과 서로 충분히 의견을 교환하고 검토할수록 예상치 못한 변수에 적절히 대응할 확률이 높아집니다. 그리고 팀원 입장에서도 팀장의 시선으로 업무를 바라볼 수 있는 계기가 되어 성과 창출을 위한 바람직한 업무 수행 방법에 대해 더욱 깊이 고민해 볼 수 있습니다.

피드백(feedback)		피드포워드(feed-forward)
· 구성원들이 성과목표를 달성하는 과정이나 그 결과에 나타나는 주요 행동과 성과를 분석해 개선해야 할 부분을 인식시키는 것. ▸ 지속적인 성과 창출과 역량 개발 장려. · 상황이 모두 종결된 후에 이루어짐.	vs.	· 어떤 일을 실행하기 전에 결함이나 문제점들을 예측해 미래의 성공 가능성을 높이기 위한 것. 성과 창출에 부정적인 영향을 미칠 수 있는 변동변수목표를 구분하고 해결을 위한 방법에 집중하는 성과코칭. ▸ 일을 착수하기 전에 정보나 의견을 미리 제공. · 과거를 돌이키게 하지 않는다는 장점이 있음.
사후 교정		사전 예방

팀원이 아무리 해당 업무 경험이 많다 하더라도 오랫동안 축적해 온 경험과 통찰력을 바탕으로 성과 창출 전략을 세우고 실천으로 옮겨온 팀장의 안목에는 못 미칠 가능성이 높습니다. 만약 김 프로가 장 팀장을 찾아가서 사전에 성과코칭을 요청했더라면 매출 신장을 위해 반드시 검토해야 할 지역과 주요 타깃 고객층이 무엇이고, 어떤 상품을 위주로 매출 신장을 노려야 하며, 적절한 마케팅 활동 시기는 언제인지 등 성과 창출 프레임에 대해 성과코칭받을 수 있었을 것입니다.

김 프로처럼 꾸중이나 질책이 두려워 사전에 전략에 대한 성과코칭을 요청하지 못하는 팀원이 많습니다. 하지만 그렇게 하지 않으면 한번 성과코칭받고 말 것을 팀장으로부터 두고두고 잔소리를 듣게 된다는 점을 기억해야 합니다. 실무를 맡고 있는 팀원들은 연간 성과 창출을 위한 실행에 들어가기 전에 팀장에게 적극적으로 성과 창출 전략에 대한 성과코칭을 요청해야 합니다. 팀장이 생각하는 타깃과 방법을 참고하여 창의적인 실행 방법을 고민하는 능동적인 모습으로 다가서는 것이 매우 중요합니다.

피드백은 메시지를 분명히 전달하고 이해했는지를 확인하는 훌륭한 방법이지만 상황이 모두 종결된 이후에 이뤄진다는 단점이 있습니다. 따라서 피드포워드로 이를 보완할 수 있습니다. 피드포워드가 효과적인 이유는 '과거'가 아닌 '미래'를 변화시킬 수 있기 때문입니다.

피드포워드는 김 프로의 사례와 같이 일을 다 끝내놓고 마지막에 가서 낭패를 보는 상황을 예방할 수 있습니다. 하지만 대개의 경우 업무 지시를 받으면 언제까지 하면 되는지 정도만 묻고는 평소에 파악하고 있는 팀장의 스타일을 고려해 일을 처리하곤 합니다. 피드포워드가 제대로 이루어지면 팀장이 기대하는 최종 성과물의 모습과 가까워지는데도 그 기회를 제대로 활용하지 못합니다. 팀장에게 면박을 당하거나 혹은 추가적인 일이 생길지도 모른다고 우려하는 마음이 클 테지만, 이래서는 제대로 성과를 창출해 낼 수 없습니다.

자신이 생각하고 있는 바를 적극적으로 어필함으로써 자신과 팀장의 생각 차이를 최소화할 수 있다는 점에서 피드포워드 과정은 상당히 중요합니다. 팀원이 업무 수행을 통해 창출하게 되는 성과는 팀원 자신만의 것이 아니라 팀장의 성과코칭과 자신의 실행력이 합쳐진 합작품이라는 점을 잊어서는 안 됩니다. 흔히 팀원들은 자신이 맡은 일은 자신이 책임지고 실행하면 된다고 생각하지만, 이는 지나치게 좁고 단순한 생각에 불과합니다.

성과는 자신을 통해 나타나겠지만 그 성과를 제대로 창출하기 위해서는 성과목표와 성과 창출 전략에 대한 통찰력을 가진 팀장과의 수직적 협업이 무엇보다 중요합니다. 성과 창출 전략에 대한 팀장의 성과코칭을 충분히 활용해 검증받은 전략을 바탕으로 일을 시작하는 팀원과 다 끝내고 나서 결과만 보고하는 팀원은 성과에서 차이가 날 수밖에 없습니다.

최종 결과물의 아웃풋 이미지는 결과물의 수요자인 팀장이 훨씬 더 잘 알고 있습니다. 실행 과정에서 최첨단 장비를 활용하는 실행력은 팀원이 더 뛰어날 수도 있겠지만, 직관력과 통찰력을 지닌 팀장은 일의 방향성을 정확히 알고 있어 전체를 보고 판단할 수 있다는 점을 명심해야 합니다.

성과목표를 성과로 창출하는 과정에서 팀장과 팀원의 역할과 책임은 엄연히 다릅니다. 팀장이 풍부한 경험과 통찰력을 가지고 숲을 본다면, 팀원은 부지런함과 발 빠른 실행력으로 나무를 세밀하게 보면서 나무가 잘 자라게 만들 방법을 고민하고 이를 실행에 옮겨야 합니다. 팀장에게 적극적으로 성과코칭을 요청하고 커뮤니케이션할 수 있는 팀원이라면 '성과를 창출하기 위해 스스로 해야 할 일을 찾아서 정확하게 성과를 창출하는 법'을 알고 있는 셈입니다.

일을 하다 보면 자신이 이 일을 왜 하고 있는지, 지시받은 과제나 목표에 어떻게 대처해야 하는지 모르는 경우가 많습니다. 이럴 때 스스로 해답을 찾아가려고 애쓰는 팀원도 있지만, 대다

수 팀원들은 팀장이 일하는 방법을 알려줄 때까지 마냥 기다리기 일쑤입니다. 이는 고객 접점에서 실질적으로 일을 추진하는 팀원이 본인의 역할과 책임을 제대로 인지하지 못하고 있다는 방증일 수도 있습니다. 따라서 팀원은 부여된 성과목표를 성과로 창출하기 위해 공략할 대상과 실행 방법을 찾는 과정에서 팀장의 성과코칭을 받는 일에 주저하지 말아야 합니다. 팀원의 자신감과 적극적인 실행력에 팀장의 직관력과 통찰력이 더해진다면 더욱더 강한 경쟁력을 발휘할 것입니다.

진심으로 경청하고
구체적으로 칭찬하라

연간 성과 창출 전략을 수립하는 과정에서 큰 꾸지람을 들은 김 프로는 다소 주눅이 들어 있었습니다. 장 팀장은 김 프로에게 힘을 불어넣어 줄 요량으로 일대일 성과코칭 시간을 갖자고 요청했습니다.

"김 프로, 잠깐 앞에 앉아봐요. 지금부터 함께 성과 창출 전략을 수립해 보자고요."

민망하고 부끄러운 마음 때문인지 김 프로는 장 팀장과 눈도 마주치지 못한 채 듣는 둥 마는 둥 하며 힘없이 대답했습니다. 장 팀장이 안 되겠는지 입을 뗐습니다.

"김 프로, 피드포워드를 잘 받으려면 무엇보다 상대방의 이야기를 잘 듣는 '경청'이 중요해요. 얘기할 때는 눈도 좀 마주치고 고개도 끄덕이면서 말이에요. 일을 하다 보면 그럴 수도 있지, 뭘 그런 것 가지고 이렇게 기운이 없어요? 자, 힘내요."

경청을 강조한 장 팀장의 말대로 경청이라는 단어에는 상대방의 숨겨진 욕구, 즉 '원츠'를 잘 들어야 한다는 의미가 들어 있습니다. 단순히 말을 듣는 것을 넘어, 공감대를 형성하며 적극적으로 듣는 것이 중요합니다.

"그럼 먼저 김 프로가 분석한 올해 중소기업 법인 확보 현황 분석을 통해 핵심 공략 타깃을 한번 생각해 봅시다. 올해 현황은 어땠나요?"

"네, 올해는 중소기업 법인 신규 고객이 총 30곳이었는데, 대부분 수도권 지역의 중소기업들이었습니다. 다른 곳보다도 제조업을 하는 중소기업이 20곳으로 단연 압도적인 비율을 차지했으며, 그다음으로 지역 농협이 3곳, 그리고 유통업을 하는 중소기업이 7곳을 차지했습니다. 제조업을 하는 중소기업이 법인 고객으로 많이 확보된 것은 아무래도 공장의 생산 인력들을 대상으로 명절이나 각종 행사 시 후원해야 할 제품들이 많았기 때문으로 보입니다."

"그렇군요. 그렇다면 내년에 김 프로가 신규 법인 고객 10곳을 새롭게 확보하기 위해 핵심적으로 공략해야 할 타깃은 어디로 잡는 것이 좋다고 생각되나요?”

"역시 내년에도 제조업을 하는 경기 북부 지역의 중소기업을 핵심 타깃으로 삼아 공략해 보는 것이 좋겠다고 생각합니다. 최근 많은 중소기업의 공장이 경기 북부 지역으로 이전해 왔고 저희 대리점도 얼마 전에 신규 출점해 있기 때문에 여러 가지로 도움이 많이 될 것입니다. 그쪽에서 7곳 이상의 신규 법인 고객을 확보해 보도록 하겠습니다.”

듣고 있던 장 팀장이 칭찬과 격려의 말을 전했습니다.

"그래요, 김 프로. 좋은 생각인 것 같아요. 이렇게 진지하게 지역별·제품별·규모별로 분석해 보니 공략 타깃이 나오잖아요. 특히나 김 프로가 전년도 중소기업 법인 확보 현황과 관련하여 객관적인 사실을 수치를 활용해서 이야기해 주고, 이를 바탕으로 자신이 공략해야 할 법인 고객 핵심 타깃에 대한 의견을 소신 있게 말해준 점이 아주 좋았어요. 분석 내용과 의지를 말로만 피력한 것이 아니라 구체적인 수치를 활용해서 표현했죠. 예를 들면 전년도 중소기업 신규 법인 중 제조업 관련 기업이 20곳이라는 사실, 그리고 신규 법인 고객 7곳을 더 확보해 보겠다는 표현으로 김 프로와의 공감대 형성이 훨씬 더 쉬웠던 것 같네요. 가급적이면 이렇게 숫자로 소통하는 것이 제대로 전달할 수 있는 방법이라는 점을 기억해 주면 좋겠어요. 요 며칠 김 프로가 고민을 많이 한 걸 잘 알고 있어요. 잘 해낼 수 있을 거예요."

팀장이 예전보다 자신을 인정해 주는 일이 많아진 것 같아 김 프로는 괜히 기분이 으쓱해졌습니다.

장 팀장이 몸소 보여준 인정이란 자신의 눈높이를 상대방과 맞추는 일이며 자신의 의견과 방법만 옳은 것이 아님을 수용하는 일입니다. 이때 활용할 수 있는 가장 좋은 방법이 바로 '칭찬' 입니다. 칭찬의 본질은 인정과 존중입니다. 상대를 있는 그대로 받아들이고 그 가치를 인정해 주는 행위입니다. 그저 두루뭉술하게 "그거 좋은데요"라고 하기보다는 구체적인 내용과 행동을 언급하며 칭찬하는 것이 좋습니다. 또한 가능하면 여러 사람 앞에서 하는 것이 더욱 좋습니다. 이렇게 함으로써 상대방의 생각을 먼저 인정하고 왜 그런 방법을 생각했는지, 보완해야 할 부분은 무엇인지 질문함으로써 자연스럽게 이야기를 이어나가는 효과도 있습니다.

내친김에 김 프로는 장 팀장에게 추가로 도움을 요청했습니다.

"팀장님, 지난번에 얼핏 신문에서 보니 정부에서 육성하는 '월드 클래스 300'이라는 우수 유망 중소기업 명단이 있던데요. 이 중에서 경기 북부 지역에 있는 기업들을 찾아서 집중 공략해 보면 어떨까요? 팀장님 친구분 중에 중소기업진흥공단에 근무하시는 분이 계신 것으로 알고 있는데 관련 정보 좀 알아봐 주시겠습니까? 바쁘신데 번거로운 요청 드려서 송구하네요."

김 프로는 자신의 생각을 개진하고 필요한 정보에 대해 정중히 요청했습니다. 김 프로의 열의를 보고 장 팀장은 흔쾌히 그 자리에서 친구에게 전화를 걸어 김 프로가 말한 자료를 얻을 수 있도록 지원해 주었습니다.

이렇듯 요청이란 다른 팀원에게 무언가를 실행하도록 부탁하는 행위인데, 상대방에게 요청할 때는 김 프로가 장 팀장에게 했던 것처럼 정중하게 표현해야 합니다. 그래야 요청을 받은 당사자가 자신이 그 일을 선택했다고 느끼고 더욱 자발적으로 도움을 줍니다.

김 프로는 질문을 이어나갔습니다.

"핵심 성공 타깃 외에 올해 확보했던 지역 농협 3곳이 내년에 다른 거래선으로 움직일 가능성이 있고 또 농협중앙회로 거래처를 옮길 가능성도 높아서 대비를 해야 할 것 같습니다. 제 생각에 농협과 비슷한 성격을 가지고 있지만 규모는 작고 인적 네트워크를 발휘할 수 있는 수도권 지역 신협들을 공략해 보면 어떨까 싶은데요. 팀장님께서는 만약 농협이 아닌 제2 금융권 중에 공략한다면 어떤 금융기관을 선택하는 게 좋다고 생각하시나요?"

장 팀장은 곧바로 자신의 생각을 전해주었습니다.

"그것도 좋은 생각이네요. 요즘에는 얼마 전에 생긴 'ㅇㅇ저축은행'의 성장세가 무섭고 고객 평판도 좋더군요. 이쪽을 대안으로 한번 공략해 보는 것도 좋을 것 같아요."

팀원은 팀장에게 피드포워드를 받을 때 적절한 질문을 던져 성과 창출 전략의 완성도를 한껏 높일 수 있습니다. 특히 팀장에게는 '제안형 질문'을 하는 것이 좋습니다. 제안형 질문이란 '궁금한 사항에 대한 대안을 생각해 두고서 질문하는 것'을 의미합니다. 질문을 단순히 자신이 궁금한 점을 상대방에게 물어보는 것이라고 생각하는 사람이 많습니다. 또한 질문하는 행위 자체로 끝나버려 질문에 대한 생산적인 논의나 대안 과제를 해결하는 쪽으로 이어지지 않는 모습을 많이 볼 수 있습니다.

가장 대표적인 경우는 자신의 생각을 미리 밝히지 않은 채 원하는 답만 얻으려고 하는 질문입니다. 또 본인의 생각을 상대방에게 억지로 알리거나, 다른 사람들을 끌어내리거나 꼬투리를 잡기 위해 질문하는 사람도 많습니다. 그러나 팀장에게 질문할 때는 반드시 질문에 대한 자신의 의견이나 대안을 먼저 밝히고 이에 대한 상대방의 의견과 해결책에 중점을 두는 것이 바람직합니다.

기업 내에서 일어나고 있는 소통의 부재나 잘못된 소통 방식들은 거슬러 올라가 보면 우리나라의 전통적 유교 문화에서 비롯됐을 수도 있습니다. 우리나라에서는 예로부터 직접적이고 확실한 소통보다는 다소 비유적이고 뜻을 음미하게 하는 은유적이고 품격 있는 소통을 지향했습니다. 그러한 경향이 기업 내 중요 의사결정에서도 추상적이고 비유적인 이야기를 하게 만들면서 소통의 오류를 낳았을 가능성이 있습니다. 최근 '돌직구'나 '독설' 같은 것들이 유행하는 세태를 보면 결국 이러한 소통 문화에 대한 새로운 접근 방식이 시도되고 있다고도 볼 수 있습니다.

만약 장 팀장이 보고서를 잘못 작성해 온 김 프로에게 감정이 남은 상태에서 성과코칭을 했다고 생각해 봅시다. 과연 김 프로가 경청을 하려 했을까요? 또한 김 프로가 자신의 의견을 먼저 제시하지 않고 '이런 건 어떻게 처리해야 할까요?', '저는 별로 생각해 보지 않았는데 팀장님께서 해법을 좀 가르쳐 주시겠어요?'라는 식의 소극적 질문과 수동적인 요청을 남발했다면 장 팀장과 의미 있는 토론이 가능했을까요?

장 팀장과 김 프로가 연간 성과 창출 전략을 논의하는 과정에서 상대방의 생각을 경청하고, 인정하고, 필요한 사항에 대해 정중하게 요청하는 등의 행위가 이루어졌기 때문에 장 팀장도 김 프로도 편안한 상태에서 의미 있는 피드포워드 시간을 보낼 수 있게 된 것입니다.

덧붙여 팀원들이 응답할 때는 상위리더가 묻는 의도를 정확하게 파악하여 결론부터 말하는 습관을 기르는 것이 좋습니다. 가령 장 팀장이 "신규 법인 고객 10곳을 새롭게 확보하기 위해 핵심적으로 공략해야 할 타깃은 어디로 잡는 것이 좋다고 생각되나요?"라고 질문한다면 아무 생각 없이 "잘 모르겠습니다"라는 답변으로만 그쳐서는 안 됩니다. 최대한 자신이 아는 범위 내에서 해당 이슈와 관련하여 결론부터 먼저 이야기하고 부연 설명을 하는 것이 좋습니다. 정 답변하기 어려운 상황이라면 "좀 더 고민해서 하루 뒤에 말씀드리겠습니다"와 같이 리더의 질문에 최대한 성의 있는 대답을 내놓을 수 있어야 합니다.

가능한 한 간략하고 명쾌하게 대답하되 근거나 사례를 제시하면 설득력이 높아집니다. 응답할 때 자신의 성과 책임을 망각한 채 변명으로 시작하거나 핵심 없이 장황하게 이야기하는 것, 두루뭉술하게 대답하는 것은 절대 피해야 할 금기 사항입니다. 결국 성과 있는 피드포워드 시간이 되기 위해서는 팀원과 팀장이 대화하는 과정에서 '청, 정, 청, 문, 답'을 얼마나 적극적으로 실천할 수 있느냐가 관건이라고 할 수 있습니다.

지원 요청 사항은
사전에 공유하라

자신의 성과목표를 입체적 조감도 형태로 구체화하고 성과 창출 전략 수립 내용에 대해서 팀장으로부터 성과코칭을 받았다면, 다음 단계로 자신이 성과 창출 전략을 실행하는 데 필요한 자원이 정확하게 무엇이고 언제까지 필요한지 등에 대해 리더에게 사전에 지원 요청 사항을 밝히는 것이 중요합니다.

앞서 김 프로는 추가로 부여받은 성과목표 중 하나인 '수도권 지역 법인 고객 10곳'을 확보하기 위해 제조업을 하는 경기 북부 지역의 중소기업들을 핵심 타깃으로 삼아 적어도 7곳 이상의 신규 법인 고객을 확보하겠다는 전략을 장 팀장과 논의했습니다. 특히 김 프로는 자사 제품 중 A브랜드 제품의 홍보가 경기 북부 지역에 미흡하다는 판단이 들었습니다. 그래서 브랜드 인지도를 높이기 위해 경기 북부 지역 기업들을 대상으로 A브랜드 제품 판촉물을 1000개 정도 만들어 활용할 필요가 있다고 생각했습니다. 신규 법인 고객이 될 만한 중소기업들에게 제품 이미지를 높이는 것은 물론, 관련 담당자와 장기적인 네트워크를 쌓는 데 도움이 될 것이라는 확신이 들었습니다.

그런데 가만히 옆에서 김 프로를 지켜보던 선배 박 프로가 타박을 늘어놓았습니다.

"어이, 김 프로. 아무리 연간 차원의 성과 창출 전략을 번지르르하게 세우고 지원 요청을 하면 뭐 하나? 위에서 절대 안 들어줄 텐데. 총알이라도 좀 주면서 전쟁에 나가라고 해야 그나마 싸워보기라도 하지. 지원은 하나도 없으면서 무조건 성과만 내라고 하고 말이야. 올해와 마찬가지로 김 프로가 아무리 용을 써도 아마 안 될 테니 괜한 헛심 쓰지 마시게나."

"박 프로님. 팀장님께 지원 요청이라도 말씀드려 보시고 이야기하시는 거가요?"

"그걸 꼭 물어봐야 아나? 아까 내년도 회사 방침이 판관비 절감 무조건 20퍼센트 이상이라는 소리 못 들었어? 그런 와중에 예산 지원해 달라고 이야기해 봤자 괜히 찍히기만 한다고."

고개를 절레절레 흔드는 박 프로의 부정적인 대답에도 김 프로는 아랑곳하지 않았습니다. 홍보하려는 A제품의 주요 선호 계층과 경기 북부의 지역별 유동 인구 등을 분석하고, 판촉 행사를 통해 얻고자 하는 기대 효과까지 자세히 기록하여 필요한 예산, 물품, 시간 등에 대한 요청 사항을 장 팀장에게 보고했습니다. 옆자리에서 전부 지켜본 박 프로는 적극적이고 긍정적으로 변화된 김 프로의 모습을 보고 놀라워했습니다.

한편 장 팀장은 김 프로의 보고서를 보며 경기 북부 일대의 핵심 타깃 고객, 핵심 지역, 행사 투입 주력 상품뿐만 아니라 행사 종료 후의 기대 효과까지 작성하는 등 가두 시연회 행사에 대해 면밀히 기획서를 작성한 김 프로를 대견하게 생각했습니다.

"김 프로, 내년도에 전체적으로 비용을 절감하라는 방침이 전달된 상황이긴 하지만 김 프로가 요청한 부분을 지원하면 얻는 성과가 20퍼센트 정도는 더 커질 것 같다는 판단이 드네요. 어려운 상황이긴 하지만 최대한 필요한 예산과 인력을 지원하도록 노력해 볼게요."

김 프로를 칭찬한 장 팀장은 옆에 있는 박 프로에게도 물었습니다.

"박 프로도 뭐 필요한 거 없어요? 보니까 내년에 박 프로 성과 목표를 성과로 창출하려면 필요 예산이나 정보 등이 꽤 있을 것 같은데, 세부적으로 생각을 안 했나 보네요. 그럼 없는 걸로 알게

요. 한번 열심히 해보세요."

이렇게 말하며 지나가는 장 팀장을 보며 박 프로는 아차 싶었습니다. 사실 판촉 행사는 박 프로가 더 필요로 하는 사항이었지만 지원은 아예 기대조차 안 하고 필요한 내부 인력이 최소 몇 명인지, 판촉 행사를 할 때 필요한 테이블이나 의자 등의 물품은 어디서 조달할 것인지, 현장 감독은 누가 할 것인지 등을 고민하며 혼자서 끙끙 앓고 있었기 때문입니다.

여러 번 지원 요청을 했지만 수차례 거절당하면 자괴감 등 부정적인 감정을 방지하려는 생각에 박 프로처럼 해보지도 않고 속단하게 됩니다. 그러나 '말해봤자 별수 없다'라는 속단이 자칫 문제를 해결할 수 있는 가능성을 막고 현실에 대한 정확한 인식도 가로막을 수 있다는 점에 유념해야 합니다. 실제로 많은 팀원들이 연간 성과목표를 성과로 창출해 내기 위해 성과 창출 전략을 수립하고 어떤 과제에 자원 배분을 어떻게 해야겠다고 준비하지만, 팀장에게 아쉬운 소리를 해야 하고 갑작스러운 도움을 요청해야 하는 상황이 닥치면 왠지 부담스러워 혼자서 어떻게든 해결하려 하는 경향이 있습니다.

새로운 일을 기획하고 실행하는 데는 시간, 예산, 정보 등의 다양한 자원이 필요합니다. 따라서 팀원은 한 해 성과 창출을 위해 일을 시작하기 전에 반드시 필요한 자원을 구체적인 근거를 가지고 팀장에게 미리 요청해야 합니다.

특히 자기 자신이 실행의 주체로 우뚝 서기 위해서는 직관적인 감으로 대충 요청할 것이 아니라 과거 성과와 전략을 분석해 객관적인 데이터를 근거로 하여 자원을 요청하는 것이 좋습니다. 즉, 올해 성과를 창출할 때 투입된 시간, 인력, 예산, 정보 등을 살펴보고 얼마만큼의 성과를 창출할 때 어떤 전략을 실행했고 어느 정도의 자원이 투입되었는지를 분석해 봐야 한다는 의미입니다. 그리고 투입하기로 했던 자원이 실제로 다 투입되었는지, 인과적인 유효성이 있었는지도 분석해 봐야 합니다. 그래야 연간 성과목표를 성과로 창출해 내기 위해 지원받은 자원이 월말이나 연말에 불필요한 곳에 사용되는 일이 발생하지 않습니다.

아울러 팀원은 일을 시작할 때 회사나 팀장으로부터 받은 지원에 대한 모니터링을 확실하게 해야 합니다. 만약 팀장이나 상위조직으로부터 충분한 지원을 받았음에도 제대로 된 성과를 창출해 내지 못했다면 일정 기간 동안 투입될 자원, 시간, 예산을 정확하게 예측하지 못했다고 볼 수 있습니다. 이런 경우 최종 아웃풋 이미지가 분명한 성과목표와 인과적인 성과 창출 전략을 근거로 자원이 지원된 것이 아니라, 업무 실행 중심으로 자원을 대충 산정하는 바람에 낭비 요소가 발생됐을 가능성이 큽니다.

결국 팀원이 자신의 연간 성과목표를 성과로 창출하기 위한 전략을 수립하고 실행으로 옮길 때 활용 가능한 자원의 범위를 제대로 알고 실행에 임하느냐 그렇지 못하느냐가 연말의 성과를 좌우할 수 있습니다. 필요한 자원에 대해서는 항상 객관적인 근거를 가지고 팀장에게 요청하는 습관을 들여야 합니다.

5장

일상적인 전략은
스케치페이퍼로 소통한다

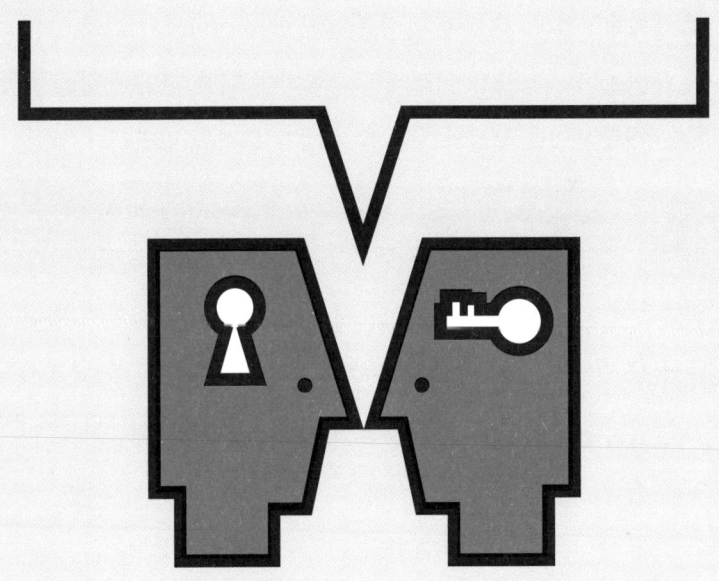

팀장이 진짜 원하는
결과물은 무엇인가?

'스케치페이퍼'란 팀원이 본격적으로 일을 시작하기 전에 팀장이 부여한 성과목표를 어떻게 달성할지에 대한 전략과 실행 계획을 대략적으로 작성하는 초안 형태의 문서를 말합니다. 이를 통해 일을 지시한 팀장이 요구하는 성과목표와 그 일을 실행할 팀원의 전략과 방법 사이에 상호 공감대를 형성할 수 있습니다. 팀원들이 팀장으로부터 과제를 지시받았을 때 가장 먼저 알아내야 할 것이 바로 팀장이 '업무 수행을 통해 기대하는 결과물의 기준'입니다. 상위리더인 팀장의 의중, 숨겨진 욕구를 알아내는 일은 생각보다 만만치 않습니다. 그래서 팀원 자신의 생각을 먼저 펼쳐 보이는 과정이 필요합니다.

팀장이 지시한 과제를 정해진 기간 내에 성과로 창출해 내기 위해서는 팀원이 생각하는 결과물의 모습을 마치 짓고자 하는 건물을 스케치하듯이 입체적으로 형상화하는 과정이 필요합니다. 이 스케치페이퍼를 매개로 팀장의 생각을 읽어낼 수 있습니다. 팀장이 팀원에게 과제를 지시할 당시에는 기대하는 결과물에 대한 이미지가 흐릿하지만, 지시한 과제에 대한 팀원의 스케치페이퍼를 보는 순간 팀장 자신의 의도를 명료하게 구체화할 수 있습니다.

김 프로는 평소 장 팀장에게서 업무 지시를 받았을 때 스케치페이퍼를 거의 활용하지 않았습니다. 장 팀장이 일상적으로 지시한 업무의 목적이나 의도가 궁금해도 괜히 물어봤다가 면박을 당하거나 추가적인 일이 생길지도 모른다는 우려 때문에 소극적으로 대응했던 것입니다. 그래서 장 팀장에게 일상적인 업무 지시를 받으면 대개 마감일 정도만 묻고 평소에 자신이 파악하고 있는 장 팀장의 스타일대로 일을 처리해 버렸습니다.

그런데 문제는 그렇게 처리한 일이 꼭 나중에 가서 말썽을 일으킨다는 것입니다. 사전에 장 팀장의 의도와 아웃풋 이미지를 명확하게 확인하지 않았기 때문에 막상 결과물을 가지고 갔을 때 "김 프로, 내 말뜻은 그게 아니었잖아요?", "그렇게밖에 이해를 못 했나요?"와 같은 핀잔을 듣고 의기소침해진 적이 한두 번이 아니었습니다.

김 프로는 오늘도 깊은 시름에 잠겨 있습니다. 어제 장 팀장에게 "김 프로, 본인이 맡고 있는 A대리점의 활성화 계획을 가져와 보세요"라는 요청을 받았기 때문입니다. A대리점 활성화 계획을 과연 무슨 목적으로 작성해 오라는 건지, 어떻게 계획을 수립해야 하는지 아무 생각도 나지 않았습니다. 혼자서 끙끙 앓고 있는 김 프로의 모습을 옆자리에 앉아 있던 홍 프로가 지켜보다가 슬며시 다가와 팁을 주었습니다.

"이봐 김 프로, 그렇게 혼자 끙끙대지 말고 우선 자네가 팀장님에게서 들은 얘기를 토대로 A대리점 활성화 계획을 세워보라고 하신 이유와 그 배경, 그리고 목적에 대한 생각을 초안으로 정리해 봐. 그걸 가지고 팀장님과 오후에 한번 이야기를 나눠보는 게 어떨까?"

그제야 김 프로는 지난 1/4분기 성과가 좋지 않았기 때문에 장 팀장이 그런 지시를 내렸을 것이라는 데 생각이 미쳤습니다. 그래서 A대리점의 분기 성과 창출률을 85퍼센트로 높이기 위한 활성화 계획을 스케치한 후 장 팀장과 오후 늦게 미팅 시간을 가졌습니다.

김 프로가 들고 온 스케치페이퍼의 내용을 본 장 팀장은 내용을 떠나서 김 프로의 태도에 먼저 눈길이 갔습니다. 그동안 '후견지명(後見之明)'의 달인이라고 불렸던 김 프로가 일을 하기 전에 자신에게 일의 목적과 의도를 물어보려는 시도를 했다는 점에서 일단 후한 점수를 줘야겠다고 생각하며 말을 이어갔습니다.

"김 프로, 내가 업무 지시를 해놓고도 무엇 때문에 이 업무를 시켰는지 깜빡하는 때가 가끔 있는데, 미리 구체적으로 이야기해 주지 않아 미안해요. 어제 내가 김 프로에게 A대리점 활성화 계획을 수립해 오라고 했던 건 A대리점이 오래되고 낡아서 칙칙한 분위기가 많이 남아 있는 것 같아 'A대리점 고객 만족도 15점 향상(70점→85점)'을 위한 활성화 계획이 필요하겠다는 생각 때문이었어요. 김 프로가 대리점 활성화 계획의 목적으로 미리 생각해 본 '분기 성과 창출률'도 물론 고려해 볼 수 있는 목표 중 하나이긴 한데, 그것은 홍 프로가 매월 모니터링하고 있으니 신경 안 써도 될 것 같아요. 그러니 김 프로는 A대리점 고객 만족도를 지금보다 15점 향상시키기 위한 방법을 찾는 데 주력해 주세요."

김 프로는 그제야 긴장을 풀었습니다. 그동안 장 팀장과 홍 프로 등에게 배운 성과 창출의 지혜가 서서히 빛을 발하고 있음을 느낄 수 있었습니다. 그리고 '앞으로도 스케치페이퍼를 들고 가서 장 팀장과 많은 이야기를 나누면 좋은 성과를 많이 얻을 수 있겠구나' 하는 생각에 미소가 떠올랐습니다.

만약 김 프로가 장 팀장에게 핀잔을 들을까 봐 무서워서 사전에 장 팀장의 의도를 파악하지 않고 자기 생각대로 A대리점 활성화 계획을 수립해서 가지고 갔다면 어땠을까요? 아마 "늘 하던 이야기를 또 가지고 왔네요. 말귀를 왜 이리 못 알아들어요?"라는 핀잔만 들었을 것입니다. 이처럼 일상적인 업무를 통해 원하는 바를 성과로 창출할 수 있을지는 일을 시작하기 전에 팀장의 의도를 얼마나 명확하게 인식했는가에 따라 결정됩니다.

여전히 많은 팀원들이 나름대로 일을 열심히 하고도 막상 최종 결과물이 나오면 팀장에게서 꾸지람을 듣곤 합니다. 그 원인은 대부분 팀장이 기대하는 결과물을 명확히 알지 못한 채 일을 처리해서 엉뚱한 결과가 나왔기 때문입니다. 그때 팀원이 팀장에게 가장 많이 듣게 되는 말은 "최종 아웃풋 이미지를 제대로 이해 못 했으면서 왜 사전에 묻거나 도움을 요청하지 않았나요?"라는 말일 것입니다.

팀장의 핀잔으로부터 탈출하는 방법은 일을 시작하기 전에 팀장이 기대하는 결과물에 대한 공감대를 최대한 형성하고 일을 시작하는 것입니다. 팀장 또한 팀원이 스케치페이퍼를 들고 미팅을 요청하면 팀원에게 '면박 받는 시간'으로 인식되지 않도록 각별히 신경 쓸 필요가 있습니다.

기대하는 결과물을
스케치페이퍼로 교감하라

일상적인 업무와 관련된 사소한 성과목표일지라도 처음에 성과 창출 전략을 수립할 때 얼마나 구체적으로 스케치했는가에 따라 성과 창출 여부가 판가름 날 수 있습니다. 따라서 업무 지시를 받은 팀원은 리더의 원츠가 무엇인지를 명확하게 파악하고 성과 창출을 위한 구체적인 전략과 방법을 고민하는 데 전력을 다해야 합니다.

　어느 날 김 프로는 박 프로가 장 팀장에게 심하게 혼나고 있는 광경을 목격했습니다.

　"박 프로, 일 좀 잘한다고 칭찬해 줬더니 이렇게 마음대로 일을 처리해도 되는 건가요? 그 고객은 팩스나 전화로 정보 받는 거 엄청 싫어하니 반드시 이메일로 정중하게 응답을 잘 써서 보내드리라고 했는데, 귀찮아서 그냥 팩스로 보냈다고요? 이게 얼마짜리 오더인데, 고객이 불만이 가득 차서 나한테 전화했어요! 이번 수주 건 그냥 날리게 생겼잖아요!"

장 팀장은 다른 것보다도 박 프로가 충분히 일을 잘 처리할 수 있는 상황임에도 중요한 고객을 대응하기 전에 자신과 상의 없이 일을 처리하여 그동안 공들였던 시간과 예산 등을 전부 헛수고로 만들어버렸다는 생각에 화가 치밀어 올랐습니다.

김 프로는 이 모습을 보면서 속으로 생각했습니다. '나도 평소 팀장님에게서 일상적인 업무나 성과목표를 부여받았을 때 그 일을 어떤 프로세스로 어떻게 수행할지에 대한 대략적인 지도를 그려 팀장님과 상의하고 의견을 구하는 데 적극적이지 못했구나. 내가 팀장이라도 그동안 내 모습이 맘에 안 들었겠는데?' 그래서 이번에는 얼마 전에 장 팀장에게서 부여받은 'A대리점 고객 만족도 85점' 달성을 위한 성과 창출 전략을 스케치페이퍼로 정리하여 팀장의 의도와 맞는지 성과코칭을 요청해 보기로 마음먹었습니다.

김 프로는 우선 'A대리점 고객 만족도 85점'에 인과적인 영향을 미치는 중요한 요소가 무엇인지를 파악하기 위해 대리점 고객 만족도를 구성하고 있는 항목을 살펴봤습니다. 크게 대리점 환경, 고객 응대, 친절도 및 인사, 고객 컴플레인 처리, 제품 권유 라는 5가지 항목으로 분류할 수 있었습니다. 더불어 작년에 A 대리점의 고객 만족도 점수가 70점이었을 때 각각의 항목에서 받았던 점수를 살펴보니 대리점 환경 55점, 고객 응대 80점, 친절도 및 인사 90점, 고객 컴플레인 처리 60점, 제품 권유 65점으로 나타났습니다.

김 프로는 'A 대리점 고객 만족도 85점'의 성과목표 조감도로 대리점 환경 90점, 고객 응대 80점, 친절도 및 인사 90점, 고객 컴플레인 처리 85점, 제품 권유 80점이라는 세부 구성 요소를 그려봤습니다. 그리고 그중에서도 핵심 타깃이라고 생각되는 대리점 환경 35점 향상, 고객 컴플레인 처리 25점 향상, 제품 권유 15점 향상을 위한 창의적인 실천 방법을 생각해 보는 데 주력했습니다.

먼저 대리점 환경 35점을 높이기 위해 일부 예산 투자를 통해 대리점 도배를 새로 하여 그간의 오래되고 낡은 이미지를 쇄신해야겠다고 생각했습니다. 또 대리점을 방문한 고객들이 오래 머물면서 제품들을 살펴보고 구매할 수 있도록 직원들의 아이디어를 동원하여 새롭게 휴게 공간을 만들어보자고 생각했습니다.

또한 고객 컴플레인 대처 항목에서 25점을 향상시키기 위해 고객의 눈높이에 맞춰 현장에서 발생하는 불만 사항들을 유연하게 해결할 수 있는 고객 컴플레인 대처 매뉴얼을 본사와 함께 개발하고, 전 직원이 이를 숙지하여 행동할 수 있도록 수시 교육과 평가를 강화하는 실천 방법을 수립해 봤습니다.

더불어 제품 권유 항목에서 향상시켜야 할 15점에 대해서는 올해 A대리점에 영업 경력이 짧은 직원들이 많아 제품 권유에 보다 적극적으로 나서지 못했다는 분석이 뒤따랐습니다. 따라서 내년에는 직원들의 제품 교육을 주 1회에서 주 2회로 강화하고, 대리점 방문 고객에게 어떻게 첫 접촉을 해야 하는지 등에 대한 스킬을 알려주는 역할극 동영상을 제작하여 수시로 숙지시킨다는 실천 방법을 수립해 봤습니다(부록 325p 표 참고).

완벽하지는 않더라도 성과목표를 성과로 창출해 내기 위해 선택과 집중을 해야 할 타깃과 나름의 방법들을 생각해 본 김 프로는 이전과 달리 장 팀장과 미팅을 하러 가는 길에 별다른 두려움을 느끼지 않았습니다. 오히려 흥에 겨워하는 자신을 발견할 수 있었습니다.

실제 장 팀장과 미팅을 할 때도 긍정적인 코멘트를 들을 수 있었습니다. "김 프로, 웬일이에요? 뭐 나만 모르는 좋은 일 있어요? 이제는 일하기 전에 나한테 자주 상의하러 오네요. 김 프로가 스케치페이퍼에 담아 온 성과 창출 전략을 봤는데, 실제로 내가 A대리점의 고객 만족도 15점 향상에 걸림돌이 되고 있다고 생각하는 항목들을 잘 골라서 창의적인 실천 방법들을 수립했더 군요. 일단 김 프로 생각대로 한번 추진해 보자고요. 한 가지 덧붙이자면 대리점 환경 개선 부분에서 고객들이 주차장으로 나가는 동선 주변 정리도 좀 깔끔하게 할 수 있으면 더욱 좋을 것 같아요. 수고했어요."

사소한 일을 할 때라도 팀원들이 팀장과 한 방향을 보지 못하고 목표 따로, 계획 따로, 실행 따로인 현상을 보이게 되면 팀은 물론 개인의 성과 창출도 요원해질 수밖에 없습니다. 일상 업무에서도 일을 하기 전에 항상 팀장이 의도한 바가 무엇인지를 파악하고, 그 의도를 실현하기 위해 가장 핵심적으로 공략해야 할 타깃을 선별하는 과정이 필요합니다. 그에 맞춰 차별화된 실천 방법들을 수립하여 팀장과의 공감대를 높인 상태에서 일을 시작해야만 열심히 했음에도 기대하는 결과를 얻지 못하는 안타까운 현상을 미리 방지할 수 있습니다.

3단계로 제안형
커뮤니케이션하라

최근 김 프로는 장 팀장으로부터 새로운 요청을 받았습니다.

"올해 출시된 신제품 A의 6개월간 판매 성과와 핵심 타깃 고객 현황에 대한 내용을 정리하되 반드시 데이터 분석을 통해 표를 만들어 근거를 제시해 주세요. 또 대리점에서 생각하는 향후 대응 방안을 인터뷰를 통해 5개 이상 뽑아 리포트를 10장 내외로 작성해 일주일 뒤에 보고해 주세요."

김 프로는 각 대리점에 전화를 걸어 신제품 A에 대한 대리점별 성과와 더불어 고객 현황에 대한 내용도 첨부해 달라고 요청했습니다. 하지만 판매 고객 현황에 대해서는 정리한 내용이 없으니 이 부분은 알아서 하라는 얘기를 들었습니다. 김 프로는 무슨 소리냐며 무조건 대리점에서 해달라고 막무가내로 이야기해 놓고 다른 일에 신경을 썼습니다.

3일쯤 지나 장 팀장은 김 프로가 큰 틀을 잡고 본격적으로 세부 내용을 작성하고 있는지 궁금했지만, 괜히 믿지 못하고 참견하는 것 같아서 "김 프로, 신제품 A에 대한 판매 현황 리포트 잘되어 가고 있지요?" 하며 슬쩍 물어보는 정도로 그쳤습니다. 그리고 그럴 때마다 김 프로는 "제가 알아서 잘하고 있습니다. 다 하고 나서 보여드릴 테니 팀장님은 걱정 마세요"라고 대꾸하곤 했습니다.

사실 김 프로도 내심 걱정하고 있었습니다. '대리점에서 핵심 타깃 고객 현황 분석 자료는 안 올라오고 시간이 별로 없는데……. 일단 리포트는 만들어야 하니, 그냥 대리점에서 받은 데이터를 가지고 양이라도 채워야겠다.' 김 프로는 부리나케 화려한 파워포인트 실력을 자랑하며 각 대리점별 판매 현황에 대한 데이터를 그래프로 만들기 시작했습니다. 그리고 향후 대응 방안과 관련된 부분은 대리점 인터뷰 없이 작년에 대리점에서 준 B제품 판매 현황 보고서에 담겨 있던 내용을 그대로 복사해 리포트를 마무리했습니다. 대신 내용의 부실함을 양으로 만회하고자 장 팀장이 요청한 10페이지 내외보다 훨씬 많은 30페이지 분량으로 만들었습니다.

리포트 마감 날짜가 가까워지자 장 팀장은 슬슬 마음이 불안해지기 시작했습니다. '김 프로가 잘하고 있으려나? 대리점에서 데이터 잘 안 주려고 할 텐데. 그리고 점주들 인터뷰도 하려면 김 프로 요청만으로는 안 될 수도 있는데, 나한테 도움 요청을 안 하는 걸 보니 잘 진행되고 있는 건가?' 하지만 김 프로에게서 아무런 이야기나 중간 보고가 없으니 일단 끝까지 기다려보기로 했습니다.

이윽고 리포트 마감 날짜가 되었고 김 프로는 보고서를 제출했습니다. '내용적으로는 좀 미흡한 면이 있으나 그래도 열심히 만들었으니 정상참작을 해주시겠지.' 그러나 30분쯤 뒤 김 프로는 또다시 고개를 들 수 없는 상황을 맞이하고 말았습니다.

"김 프로, 그렇게 호언장담하며 잘 정리할 수 있다고 하더니만 결국 이 정도 보고서 쓰려고 큰소리쳤던 건가요? 하라는 점장 인터뷰는 안 하고, 향후 대응 방안은 작년에 썼던 내용 그대로 담아오고. 그리고 분명히 판매 현황과 핵심 고객에 대한 객관적인 근거 데이터를 표로 만들라고 했지, 누가 눈만 어지럽게 쓸모도 없는 그래프로 보고서를 도배하라고 했나요? 중간에 작성하다가 모르겠거나 애로 사항이 있으면 와서 이야기를 하고 도움을 요청하든가, 아니면 현재 이러이러한 상황에 있으니 시간을 조금 더 달라고 하든가 무슨 말이 있어야 내가 대응을 할 거 아니에요?"

한동안 장 팀장으로부터 호의적인 피드백을 받아왔던 김 프로였으나 이번에는 호된 꾸지람을 듣고 말았습니다. 김 프로는 너무 안이하게 생각하고 대처했던 자신이 부끄러워 얼굴이 벌겋게 달아올랐습니다.

'일을 하다가 실수도 할 수 있고 진행이 잘 안될 경우도 있는데, 그럴 때 중간중간 현재 일이 진행되고 있는 상황에 대해 팀장님께 잠깐이라도 말씀드리지 못해서 이런 사태가 벌어졌구나.' 김 프로는 지혜롭게 의사소통하지 못한 자신을 자책했습니다.

이렇게 호미로 막을 일을 가래로 막게 되는 일이 발생하는 첫 번째 이유로는 안일함을 들 수 있습니다. '설마 별일이야 있겠어?' 하는 안일함으로 인해 작은 문제가 큰 문제로 발전하는 겁니다. 두 번째는 게으름입니다. '이런 일이 일어나면 큰일인데' 하는 마음은 갖고 있지만 막상 움직이려니 귀찮아 실천으로 옮기는 일을 차일피일 미루면서 문제를 자꾸 키우게 되는 것입니다. 세 번째는 두려움입니다. 작은 실수를 했는데 보고를 하면 혼날 게 뻔하고, 혼나는 것이 두려워 보고를 미루다 보면 문제는 갈수록 커져갑니다.

조금 더 완성도를 높인 상태에서 팀장에게 아웃풋을 보여주고자 했던 김 프로의 마음이 이해되지 않는 것은 아닙니다. 하지만 장 팀장 입장에서 보면 어떨까요? 장 팀장은 김 프로가 수행한 업무 결과를 바탕으로 정보를 가공해서 본부장에게 언제 어떤 내용으로 보고해야겠다는 자체적인 계획을 세워두고 있었습니다. 따라서 김 프로가 가져온 결과물이 기대와 맞지 않을 경우 곤란한 상황이 생길 수도 있었음을 떠올릴 필요가 있습니다.

그렇기 때문에 일이 진행되는 과정을 대충이라도 팀장에게 보고해서 안심시키거나 필요한 경우 도움을 요청하는 것이 현명한 방법입니다. 그리고 김 프로가 그저 간섭받거나 미리 비난받고 싶지 않다는 마음에 장 팀장에게 중간 보고를 안 한 것이 아닌지도 한 번쯤 생각해 볼 부분입니다.

팀원들이 스케치페이퍼를 활용하여 팀장과 의사소통을 할 때 3단계 제안형 커뮤니케이션 방법을 활용하면 큰 도움이 됩니다.

먼저 팀장이 지시한 업무를 수행함으로써 결과적으로 만들어야 할 아웃풋 이미지를 명확하게 확인합니다. 자신이 이루어내야 할 결과물의 모습이 명확하지 않은데도 무턱대고 일을 시작하면 김 프로처럼 잘못된 전철을 밟을 가능성이 매우 높습니다. 따라서 팀장이 기대하는 결과물과 대략의 전략 및 실행 계획을 확실하게 교감한 후 일을 시작하는 것이 중요합니다.

다음으로는 팀장이 "지금 일이 어떻게 되어가고 있죠?"라고 묻기 전에 약 50퍼센트 정도의 진척률에서라도 진행 상황을 설명하고 향후 계획을 제시하는 것이 바람직합니다. "지난번 말씀하셨던 그 건은……"하면서 진행 상황을 편안하게 이야기해 주는 팀원에게 중간 보고를 자주 한다고 짜증 내는 팀장은 아마 없을 것입니다. 그리고 언제까지 어떤 내용으로 보고할 것이라고 미리 언질을 해두면 좋습니다. 혹시 팀장이 부재중이면 이메일이나 메신저로 알려주는 것도 하나의 방법입니다.

마지막으로 일이 90퍼센트 정도 진행되고 최종적인 마무리를 하기 전에 다시 한번 팀장에게 결과물의 상태와 조건을 확인하고 추가로 담아야 할 내용이 있는지 의견을 구하면 더욱 좋습니다.

핵심은 먼저 찾아가는 '제안형 커뮤니케이션'을 생활화하는 것입니다. 지시받은 사항을 '보고'한다는 인상을 주기보다 미리미리 선제적으로 의사소통하면 팀장의 재촉에서 벗어날 수 있습니다. 또한 자기 재량에 따라 즐겁게 업무를 추진할 수 있고, 팀장의 생각과 스케줄을 고려하여 마감 시간을 조정하는 효과도 거둘 수 있습니다.

이렇게 제안형 커뮤니케이션을 하며 일을 한다면 리더에게 인정과 존중을 듬뿍 받게 될 것입니다.

생각을 묻는 질문과
생각을 글로 들어주는 경독청

'질문'과 '경독청'은 성과코칭의 핵심이라고 할 수 있습니다. 질문을 제대로 할 줄 안다면 그는 이미 리더라고 할 수 있습니다. 대부분의 리더는 자신의 경험과 지식에 기반한 생각과 말을 뱉어내기 바쁩니다. 상대방의 내면에 있는 생각을 끌어내기 위해 질문하고 경독청하는 데는 매우 서툽니다. 서투르다는 것을 인정한다면 제대로 된 훈련을 받아야 할 텐데, 그러지 않는다는 게 큰 문제입니다. 직책이 높고 경험이 많고 가진 것이 많을수록 사람들은 뭐든지 다 할 수 있다는 이상

한 교만에 빠지곤 합니다.

실무자의 역할을 직접 실행할 사람은 리더가 아니라 실무자입니다. 리더가 아무리 지시와 설명을 잘해도 실무자가 성과목표와 인과적 성과 창출 전략, 예상 리스크 대응 방안과 실행 계획을 자기 머리와 손으로 세워서 행동으로 옮길 수 없다면 실행력은 기대하지 말아야 합니다.

상위리더가 실무자에게 할 질문은 오늘, 이번 주, 이번 달, 이번 분기에 가장 우선적으로 선택과 집중을 해야 할 핵심과제가 무엇인지 물어보는 것부터 시작해야 합니다. 이번 주, 이번 달에 할 일이 무엇인지, 왜 그것이 우선순위가 높은 과제인지를 물어야 합니다. 그 과제를 가장 우선적으로 실행해야 하는 근거가 무엇인지, 과제의 현재 상태가 어떠한지, 과제와 관련된 이해관계자들의 요구사항은 무엇인지, 과제 수행의 목적과 목표는 무엇인지도 물어야 합니다.

상위리더가 질문하면 실무자는 생각하게 됩니다. 그 생각을 경독청해 보면 현재 상태를 알 수 있고, 목표와 전략이 제대로 수립됐는지 검증할 수 있습니다.

한편 실무자가 일한 결과물에 대해 가치 판단을 할 사람은 실무자가 아니라 일을 시킨 사람이나 상위리더입니다. 그러므로 실무자 역시 상위리더에게 질문해야 합니다. 실무자가 아무리 좋은 아이디어를 갖고 있더라도 수요자인 상위리더의 생각을 제대로 경청하지 않는다면 아무리 열심히 일해봐야 성과를 창출해 낼 수 없습니다.

경청이란 그냥 듣기만 하는 것이 아닙니다. 상대방이 전달하고자 하는 말의 내용은 물론 그 내면에 깔린 동기나 정서에 귀 기울이고, 내가 이해한 바를 상대방에게 피드백하는 것까지 포함하는 개념입니다. 경청의 '청(聽)'이란 글자를 풀어보면 '상대방에게 귀(耳)를 활짝 열고, 눈(目)을 바라보며, 마음(心)을 집중한다'라는 의미입니다.

상대방에게 질문하고 경청하는 것보다 자기 자신에게 질문하고 경청하는 것이 훨씬 더 어려운 일입니다. 무엇을 하든 주먹구구식으로 하는 생각은 별 소용이 없습니다. 그런 생각을 흔히 '잡생각'이라고 합니다. 잡생각이 아닌 품질 높은 생각을 하려면 자기 자신에게 질문을 제대로 할 수 있어야 합니다. 그리고 질문을 제대로 하려면 개념이 제대로 서 있어야 합니다. 자신의 생각을 경청하기 위해서는 글로 써봐야 합니다. 자신의 생각을 글로 쓸 수 없다면 경청할 수 없습니다.

'질문과 경청'은 주로 리더가 실무자에게 하는 것으로 여겨지지만, 때로는 실무자가 리더에게 하는 질문과 경청이 더 필요할 때도 있습니다. 실무자든 리더든 자기주도적인 실행을 위해서는 셀프 질문과 경독청이 기본입니다. 질문의 핵심은 '개념'이고 경독청의 핵심은 글로 쓴 기록, 즉 '객관적 생각'입니다.

자신의 현재 모습을 냉정하게 분석하고 있는 사람은 흔치 않습니다. "아직 멀었습니다", "능력이 많이 부족합니다"라고 겸손하게 말하지만 정작 자신에게 부족한 점이 무엇인지 잘 모르는 경우가 많습니다. 당장의 역할과 책임에만 집중하다 보면 자신의 능력이나 역량을 기르는 일에 상대적으로 소홀해질 수 있습니다. 때로는 본인만 모르는 부족한 점을 주변 사람들이 더 잘 알 수도 있습니다. 특히 실무자의 상위리더는 실무자 자신이 모르는 부족한 점을 더 잘 알고 있는 경우가 많습니다. 함께 일하며 가장 가까운 거리에서 누구보다 많이 관찰한 사람이기 때문입니다. 리더라는 거울을 통해 실무자 자신의 현재 모습을 객관적으로 확인할 수 있습니다. 그런 의미에서 역할과 책임에 관련된 실무적인 능력을 개발하고 역량을 훈련하고 싶다면, 더불어 자신의 부족한 점을 깨닫고 성장하길 바란다면, 상위리더의 성과코칭이 절대적으로 필요하다고 할 수 있습니다.

그런데 상위리더로부터 제대로 된 성과코칭을 받기 전에 명심해야 할 점이 있습니다. 일을 하다 보면 성과코칭이 꼭 필요한 순간이 옵니다. 함께 일하는 상위리더나 특별한 유대관계를 맺고 있는 조직 내 선배들이 여러분의 성과코치가 되어줄 것입니다. 그런데 이렇게 주위 사람에게 성과코칭을 요청할 때는 조급하게 해답만 알려달라고 하는 태도를 버려야 합니다.

직접적으로 해결 방법을 요구하는 것이 아니라, 해결의 실마리를 얻어 문제를 스스로 해결하려는 자세를 가져야 합니다. 그래야 스스로 역량을 키워나갈 수 있기 때문입니다. 성과코칭을 제대로 받기 위해서는 자신의 생각을 구체화해서 사전에 정리하는 것이 필수입니다. 이러한 준비가 되었다면 상위리더로부터 '더 넓고 멀리 보는 관점'을 배울 수 있는 세 가지 핵심 성과코칭 방법을 기억해 두면 좋습니다.

1. 조직에 기여할 미션과 비전을 성과코칭받는다

직장은 단순히 먹고사는 문제를 해결하기 위한 곳만은 아닙니다. 인생의 목표와 연계된 고민들도 직장 생활에 포함되기 마련입니다. 지금 하는 일과 인생의 목표가 연결될 수 있도록 일을 통해 조직에 기여할 가치가 무엇인지, 조직에서 어떤 비전을 위해 자신을 차별화해야 하는지에 대한 질문을 준비해야 합니다.

2. 역할과 책임을 인식할 수 있도록 성과코칭받는다

조직에서는 각자의 직책·업무 기능·기간에 따라 역할과 책임이 달라집니다. 특히 분기·월간·주간 단위로 수행해야 할 과제와 책임져야 할 결과물을 인식할 수 있도록 성과코칭을 요청하는 것이 실행력을 높이는 데 아주 중요합니다.

3. 상태적 성과목표와 인과적 성과 창출 전략을 성과코칭받는다

일을 시작하기 전에 그 일의 목적이 무엇인지를 스스로에게 질문해 볼 필요가 있습니다. 그 목적에 부합하는 목표를 어떻게 설정해야 하는지, 목표가 이루어진 모습이 어떤 상태여야 하는지를 정확히 답할 수 없다면, 성과목표를 설정하기 위한 성과코칭을 상위리더에게 요청해야 합니다. 성과코칭을 통해 상위리더의 니즈와 원츠를 정확히 이해하고 이를 결과물에 반영한 사람의 성과는 확연히 다르게 나타납니다.

성과코칭을 받기 위해서는 자신이 생각하는 성과목표의 구체적인 모습과 인과적 성과 창출 전략, 예상 리스크 요인에 대한 대응 방안의 초안을 근거와 함께 준비해야 합니다. 그래야만 상위리더 역시 충분한 근거를 가지고 성과코칭할 수 있습니다. 다시 한번 말하지만 성과코칭은 기준에 대한 상대방의 생각을 검증하고 감리하는 행위라는 점을 늘 기억해야 합니다. 해법이나 팁, 지침이나 사례를 훈수하는 것이 아닙니다. 이처럼 성과코칭은 사람에 대한 믿음과 방법에 대한 위임을 구체화하는 사회과학이라고 할 수 있습니다.

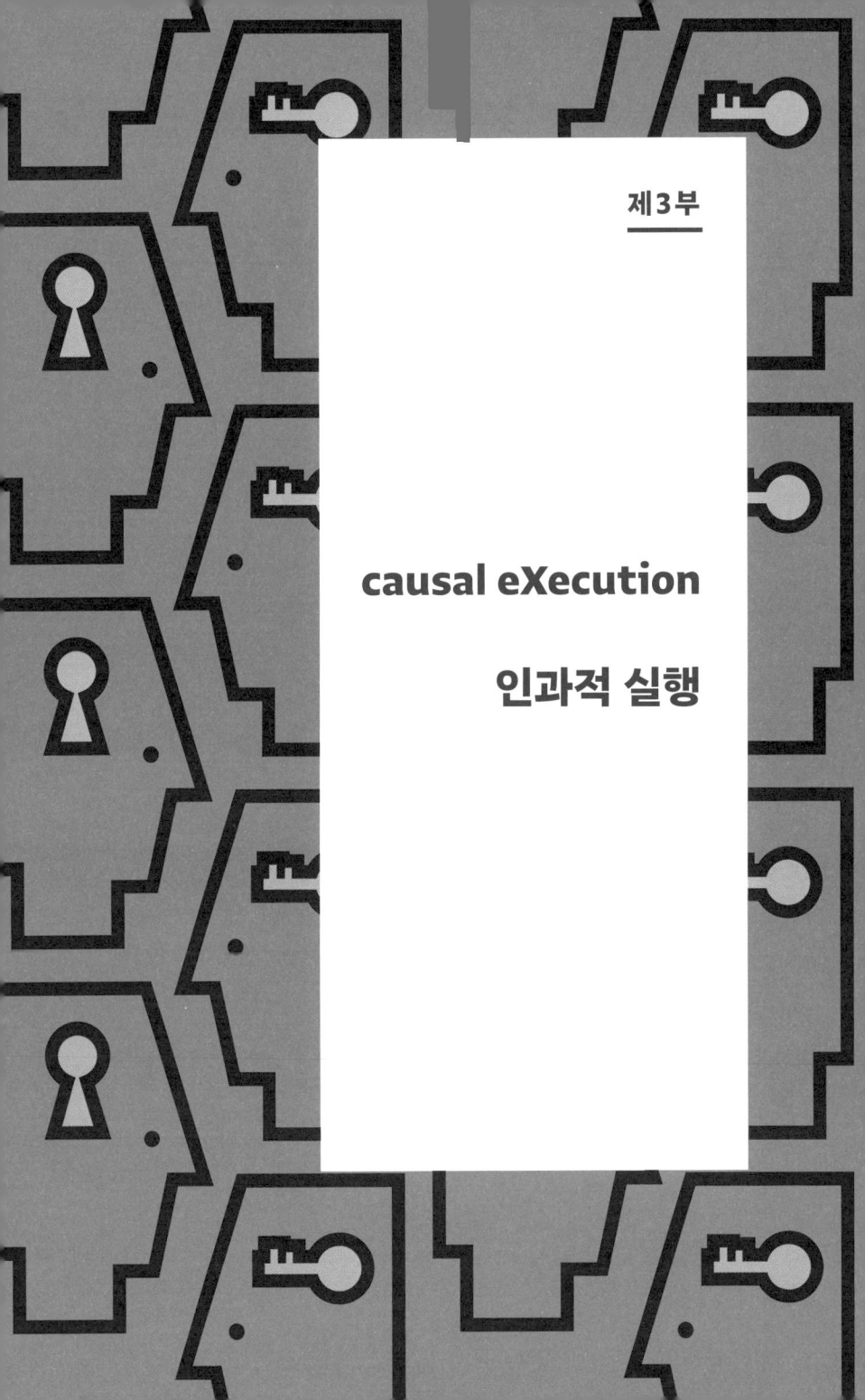

제3부

causal eXecution

인과적 실행

막연하게 디바이딩하지 않고

인과적으로 캐스케이딩한다

6장

월간 성과목표를 역으로 계산한다

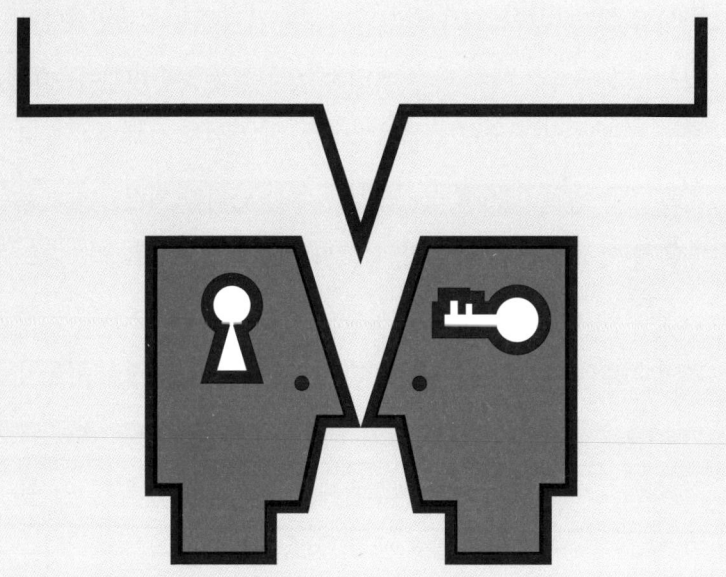

연간 성과목표를
작은 단위로 캐스케이딩하라

자신의 연간 성과목표가 확정되자마자 기억에서 지워버렸다가 1년이 다 되어갈 때쯤 다시 꺼내려 한다면 애초에 자신이 기대했던 성과를 창출할 리 만무합니다. 자신의 연간 성과목표를 성과로 창출해 내기 위해서는 분기나 월간 단위의 일정한 주기로 인과적 과정 관리를 해야 합니다. 따라서 연간 성과목표는 반드시 실행하기 좋은 형태로 월간·주간 단위의 과정 성과목표로 쪼개어 기간에 맞게 구체적으로 설정하는 것이 성과 창출 가능성을 더욱 높일 수 있습니다. 가장 먼저 염두에 두어야 할 점은 연간 성과목표를 설정할 때 핵심과제를 신중하게 선택했듯이 월간·주간 성과목표를 설정할 때도 '선택과 집중'이라는 메커니즘에 충실해야 한다는 것입니다.

한 달 혹은 한 주 동안 자신이 가장 우선적으로 달성해야 할 성과목표를 명확하게 인지하고 있지 않으면 당장 눈앞에 닥친, 중요하지는 않지만 반드시 해야 하는 일상적인 일들을 처리하느라 허둥지둥 시간을 보내게 됩니다. 월간·주간 단위로 성과목표를 분명하게 인지하고 이를 성과로 창출해 내는 데 한정된 자원을 우선적으로 쏟는 것이 중요합니다.

유통사업팀의 홍재동 프로는 사내에서 소문난 '실행의 귀재'입니다. 홍 프로는 무엇보다 자신이 연간 단위나 반기 단위로 부여받은 성과목표를 월간·주간 단위로 쪼개어 실행하기 좋게 만드는 데 일가견이 있습니다. 아무리 버거워 보이는 목표도 쪼개고 쪼개서 구체적으로 실행하기 쉽게 만듭니다.

월간 단위 실행에서 홍 프로에게 한 가지 더 주목해야 할 점이 있습니다. 예를 들어 '고객 만족도 95점'과 같은 연간 성과목표는 사후 업무 수행 기준의 성격을 띠고 있기 때문에 대개 연말이나 반기 단위, 아니면 분기 단위로 한 번씩 고객에게 설문을 받고 데이터를 분석해 봐야 그 결괏값을 알 수 있습니다. 따라서 특별히 월간 단위로 해당 성과목표를 쪼개서 관리하거나 관심을 갖는 사람이 거의 없습니다. 하지만 홍 프로는 일반 팀원들과 생각이 다릅니다. 설사 연말에 한 번 고객 만족도 조사를 한다 해도 고객 만족도 95점을 받기 위해 선행적으로 달성해야 할 '과정목표'가 반드시 필요하다는 생각을 갖고 있습니다. 따라서 매월 관련된 성과목표를 명확하게 설정하고 이를 달성하고자 노력합니다.

예를 들어 이번 달에는 고객 만족도를 구성하고 있는 항목 중에 '대리점 손님 응대'라는 평가 항목의 점수를 높이기 위해 '손님 응대 매뉴얼 30페이지를 만들어 대리점에 배포하기'를 월간 성과목표로 잡고 이를 실천하고자 애쓰고 있습니다. 월간 단위의 과정목표들이 하나씩 과정성과로 창출되고 쌓여야 결국 '고객 만족도 95점'이라는 최종 성과목표를 성과로 창출할 수 있다는 점을 염두에 둔 것입니다.

반면 김태웅 프로는 연초에 세운 성과목표는 어느새 책상 서랍으로 들어가 버리고 연간 성과목표와는 그다지 관련 없는 일상적인 업무를 수행하는 데 집중하고 있습니다. 그러다가 연말이 가까워지면 그제야 팀장과 연초에 약속한 성과목표를 꺼내놓고 온갖 고민을 하는 일이 다반사입니다. 팀 내에서 일은 제일 바쁘게 하지만 결과는 그리 신통치 않은 직원으로 취급받고 있습니다.

물론 김 프로도 할 말은 있습니다. '맡고 있는 일들을 열심히 하다 보면 당연히 팀장과 약속한 성과목표도 자연스레 달성되겠지' 하는 생각이 강했기 때문에 이 일 저 일 따지지 않고 그저 열심히 해왔을 뿐입니다. 김 프로는 한 달, 한 주 동안 달성해야 할 성과목표를 명확하게 하고 이를 중심으로 일하기보다 단순히 눈앞에 떨어진 일 중심으로 계획을 세우고 실행했기에 '연초 목표 따로, 일상 업무 실행 따로'라는 악순환이 계속되고 있습니다.

김 프로의 이런 업무 스타일을 익히 알고 있는 장 팀장은 그를 격려했습니다. "김 프로, 연초에 나와 합의한 성과목표를 깡그리 무시하거나 너무 한꺼번에 생각하지 말고 우선 월 단위 성과목표로 세분화하는 걸 습관화해 보세요. 그렇게 해야 실행력이 높아질 수 있어요."

김 프로는 홍 프로의 모습과 장 팀장의 격려에 용기를 내어 자신의 연간 성과목표를 이번 달에 성과로 창출해야 할 성과목표로 쪼개어 설정해 봤습니다.

김 프로가 새롭게 설정한 월간 성과목표를 본 홍 프로는 피드백을 통해 칭찬해 주었습니다.

"김 프로, 잘했는데? 연간 성과목표를 감안해서 이번 달에 김 프로가 핵심적으로 과정성과로 창출해 내야 할 성과목표를 아주 잘 잡았네. 특히 연간 성과목표를 고려해 월간 성과목표를 역계산하되 특정 타깃을 염두에 두고 목표를 잡은 것이 아주 좋았어.

연간 성과목표	월간 성과목표
여성 고객 매출액 1억	여대생 매출액 1000만 원
○○ 지역 × × 제품 매출액 10억	○○ 지역 BB동 × × 제품 매출액 1억
기존 고객 유지율 85%	기존 법인 고객 유지율 85%
추가 구매 고객 수 365명	30~40대 추가 구매 고객 수 20명
30대 전문직 온라인 구매 1인당 객단가 4만 원	30대 전문직 싱글 여성 온라인 구매 1인당 객단가 4.5만 원

예를 들어 연간 성과목표인 '추가 구매 고객 수 365명'을 달성하기 위해 이번 달에는 특정 타깃, 즉 30~40대를 집중 공략해 추가 구매 고객 수를 늘려보겠다는 의도가 드러나 있기에 좋은 것 같아. 나도 아직 거기까지는 잘 생각 못 하는데."

홍 프로의 말에 김 프로는 쑥스럽다는 듯이 미소를 지었습니다.

일에도 규격이 있습니다. 연초에 부여받은 성과목표는 1년 단위로 달성해야 하는 것이지만 대개 한 번에 처리하기에는 범위가 매우 넓은 경우가 많습니다. 상반기 안에는 끝냈어야 하는 일들이 제대로 처리되지 못한 채 갑자기 눈덩이처럼 불어나 연말에 감당할 수 없을 정도로 뒤엉켜 버리는 경험을 많은 사람들이

해봤을 것입니다. 하지만 달성해야 할 연간 성과목표의 덩치가 아무리 커 보여도 겁먹을 필요 없습니다. 마치 큰 사과를 한입에 먹기는 어려워도 잘게 쪼개놓으면 훨씬 먹기 편하고 소화도 잘 되는 것처럼, 목표 역시 적절하게 쪼개어 처리하면 훨씬 수월해지기 때문입니다.

김 프로와 홍 프로의 대화를 목격한 장 팀장은 자신도 슬그머니 끼어들었습니다.

"그런데 김 프로, 홍 프로. 혹시 이번 달 월간 성과목표를 정하면서 서로에게 부탁하거나 도움을 좀 받았으면 하는 것들이 있었나요?"

그러자 홍 프로가 얼른 말을 이어받았습니다.

"아, 맞다. 팀장님. 사실 제가 이번 달에 반드시 성과로 창출해내야 할 성과목표로 '해외 매출액 1억'이 잡혀 있는데요. 김 프로가 작년에 수집했던 해외 법인 고객 데이터 30곳을 정리해서 넘겨주면 훨씬 좋은 결과를 얻을 수 있을 것 같습니다. 김 프로, 다음 달 첫째 주까지 어떻게 안 될까?"

홍 프로의 이야기를 들은 장 팀장은 속으로 '옳거니' 하고 말을 이어나갔습니다.

"홍 프로의 이번 달 성과목표 달성에 큰 영향을 줄 수 있는 것이 바로 김 프로가 해외 법인 고객 데이터를 제대로 정리해서 기한 내에 넘겨주는지 여부네요. 이와 같이 월간 성과목표를 생각해 볼 때는 팀 내 혹은 팀 간에 유기적으로 협업해야 하거나 도움을 받았으면 하는 사항들을 서로 미리 밝히고, 자신과 관련된 사항이 있으면 기꺼이 이를 자신의 월간 성과목표에 반영해 운영하는 것이 중요해요. 우리는 보통 이를 '협업목표'라고 부르죠. 그러니 김 프로의 성과목표에 '홍 과장에게 해외 법인 데이터 지원해 주기'라는 성과목표를 추가하면 좋을 것 같아요."

"에이, 팀장님. 그렇게 어설프게 성과목표를 정하면 안 되는 것 아닙니까? 제가 홍 프로님께 협업해야 할 부분을 정확하게 상태적 성과목표로 표현하고 마감 시한도 명시해야 제대로 된 목표 형태를 갖출 것 같은데요. 팀장님께서도 앞으로 실행목표를 전달해 주실 때 일의 추진 배경이나 의도를 중심으로 말씀해 주시면 저희가 더욱 좋은 성과를 낼 수 있을 것 같습니다."

"어이쿠, 내가 더 분발해야겠는데요? 이제 김 프로가 성과목표에 대한 감을 확실하게 잡고 있네요."

장 팀장이 기분 좋은 웃음을 지어 보였습니다.

장 팀장의 설명을 들은 김 프로와 홍 프로는 각자의 월간 성과목표를 성과로 창출하기 위해 서로에게 요청하거나 협업이 필요한 부분이 무엇일지 허심탄회하게 이야기를 나누었습니다. 그리고 그중 자신이 반드시 지원해 주어야 하는 부분을 월간 성과목표로 반영하기로 했습니다. 김 프로는 앞서 자신이 뽑아놓은 월간 성과목표에 홍 프로가 말한 부분을 월간 협업목표로 추가하여 월간 성과목표를 완성했습니다.

연간 성과목표를 최종적으로 성과로 창출해 내기 위해서는 월간 단위로 쪼개어 명확하게 설정하는 것이 핵심입니다. 평소 아무리 열심히 노력했다 해도 자신이 최종 목적지까지 얼마만큼 다가섰는지 알 수 없다면 중도에 멈추거나 엉뚱한 길로 새게 됩니다. 그러나 연간 성과목표를 잘게 쪼개어 실행하면 현재 상태를 파악할 수 있을 뿐만 아니라, 연간 성과목표에 근접해 간다는

월간 성과목표	여대생 매출액 1000만 원
	○○ 지역 BB동 × × 제품 매출액 1억
	기존 법인고객 유지율 85%
	30~40대 추가 구매 고객 수 20명
	30대 전문직 싱글 여성 온라인 구매 1인당 객단가 4.5만 원
협업목표	해외 법인 고객 DB(30개) 전달 (To. 홍 과장, 0월 0일까지)

느낌도 가질 수 있게 됩니다. 아울러 잘게 쪼개진 성과목표는 일을 실행하는 사람에게 무언가 하나씩 이루어나가고 있다는 작은 성취감을 북돋워 주는 효과가 있습니다.

김 프로는 앞으로 눈앞에 드러난 '당장 해야 할 일' 중심으로 실행에 옮길 것이 아니라, 연간 성과목표로부터 역계산하여 설정한 구체적인 '월간 성과목표' 중심으로 일해야만 합니다.

일본의 어떤 일반인이 마라톤 대회에 수차례 출전한 끝에 마침내 우승을 해서 이슈가 된 적이 있습니다. 그때 그 사람이 인터뷰했던 내용입니다.

"마라톤을 해보지 않은 사람들은 잘 모를 것 같습니다만 끝이 보이지 않는 길을 혼자서 외로이 뛰는 것은 정말로 쉽지 않더군요. 그래서 저는 마라톤 총구간인 42.195킬로미터를 몇 개의 구간으로 나누고 또 그 구간을 다시 작은 구간으로 쪼갰습니다. 그렇게 짤막짤막하게 쪼개고 나니 엄청나게 길게 느껴졌던 코스가 생각보다 도전해 볼 만하다고 생각되더군요. 그리고 경기 전에는 잘게 쪼갠 구간마다 저만 알 수 있는 상징적인 목표물들을 마음속에 정해놓았습니다. 경기가 시작됐고 저는 첫 번째로 쪼개놓은 구간 목표를 향해 달렸습니다. 첫 구간 목표에 도착한 후 저는 그다음 목표를 향해 뛰었고, 이렇게 하다 보니 어느새 골인

지점에 도착하기에 이르렀습니다. 결국 제가 우승할 수 있었던 비결은 전체 목표를 잘게 쪼개서 공략했기 때문입니다."

그는 결국 길고 험난해 보였던 마라톤 풀코스를 작은 구간으로 쪼개고 쪼개서 원하는 목표를 달성해 낼 수 있었던 것입니다.

우리가 하고 있는 일도 마찬가지입니다. 긴 시간이 소요되고 복잡한 일에 직면하면 대부분의 팀원들은 어디서부터 어떻게 풀어나가야 할지 몰라 허둥지둥대곤 합니다. 그럴 때는 마라톤 사례에서처럼 시간적으로 역계산하여 쪼개고 내용적으로도 전체 규모를 고려해 일정한 기준으로 잘게 쪼개서 자신이 업무 수행을 하기에 만만한 크기로 세분하는 것이 핵심입니다.

공략 대상과
공략 방법을 맞춤화하라

김 프로는 올해 1/4분기에 유난히 저조한 매출 성과를 창출했습니다. 장 팀장은 올해 유통사업팀의 성과목표를 달성하기 위해서는 누구보다도 김 프로가 분발해 줘야 한다는 생각에 김 프로를 불렀습니다.

"이대로라면 김 프로의 올해 연말 성과가 불을 보듯 뻔하니 월간 성과 창출 전략을 뭔가 다른 방식으로 세워 실천할 필요가 있겠어요. 일단 김 프로가 1/4분기 동안 매월 수립했던 월간 성과 창출 전략의 내용을 한번 제게 보여주세요."

얼마 후 장 팀장은 김 프로가 보여준 올해 1월에서 3월까지의 월간 성과 창출 전략을 보고 나서 혼자 탄식을 했습니다.

"쯧쯧, 이러니 김 프로 월간 성과가 저조할 수밖에. 월간 성과 목표만 겨우 덩그러니 매출 1억 원이라고 정해놓고 정작 어디를 어떤 전략과 방법으로 공략하겠다는 내용은 눈 씻고도 찾아볼 수가 없네. '매장 방문하기', '캠페인 문서 작성하기', '고객 매장 방문 현황 보고서 작성하기', '대리점 조직 활성화하기' 등 늘 일상적으로 해야 할 일들만 순차적으로 잔뜩 들어가 있잖아. 내가 김 프로를 너무 믿었나?"

장 팀장은 이번 기회에 월간 성과 창출 전략의 핵심을 확실히 기억할 수 있도록 성과코칭을 해주겠노라 다짐하고 그를 다시 불렀습니다.

"김 프로, 이번 달 매출 목표를 1억 원으로 잡았더라고요. 우리가 통상적으로 작년에 월간 매출 목표로 잡았던 6000만 원보다 훨씬 높은 수준인데, 그럼 이번 달에 어떤 창의적인 방법으로 고객을 공략해서 소기의 성과를 창출할지 '전략' 한번 들어봅시다! 그냥 일반적인 방법으로는 어림도 없을 것 같은데요."

장 팀장의 이야기를 듣고 있던 김 프로는 연신 머리만 긁적이며 "최선을 다하겠습니다", "열심히 매장에 나가서 고객 동향을 살피겠습니다"와 같은 말만 되풀이했습니다. 옆에서 듣고 있던 홍 프로가 김 프로를 쳐다보며 그게 아니라는 눈짓을 보냈지만 정작 본인은 별다른 아이디어가 없었습니다.

"한번 잘 생각해 봐요. 김 프로가 월간 성과 창출을 위해 '최선을 다하겠다', '열심히 하겠다', '매장을 방문해서 고객 동향을 살펴보겠다' 하는 것들이 과연 이번 달 매출액 1억 원을 성과로 창출해 내는 데 얼마나 큰 영향력이 있을지를요. 그리고 한 가지만 더 묻자면 이달 매출 1억 원을 성과로 창출해 내는 데 가장 핵심적으로 공략해야 할 타깃은 어떤 대상일까요?"

잠자코 이야기를 듣고 있던 김 프로가 말문을 열었다.

"네, 팀장님. 이번 달에는 지난번 말씀 주셨던 것처럼 '여성 고객 대상 월간 매출 목표 1억 원' 중 6000만 원을 여대생들을 대상으로 올려보고자 합니다. 여대생 중에서도 특히 저희 대리점과 가까운 강북의 E여대, S여대, D여대 학생들을 집중 공략해야 할 것 같습니다."

"어라, 잘 알고 있으면서. 김 프로! 바로 그거예요! 이번 달 성과 창출을 위해 공략해야 할 대상을 먼저 구체적으로 정해야 뭔가 창의적인 방법을 생각해 낼 수가 있죠. 공략하거나 쟁취할 대상이 확실하게 있어야 거기에 맞는 차별화된 방법을 고안해서 적용하고 실행해 볼 수 있지 않겠어요? 근데 그동안 김 프로가 수립했던 월간 성과 창출 전략을 한번 다시 보세요. 공략 대상이 제대로 보이지 않기 때문에 마치 허공에다 대고 아무 목적 없이 총알을 난사하는 것 같은 일반적인 실천 지침밖에는 생각할 수 없었던 거예요. 당연히 창의적이고 효과적인 실천 방법들이 나오지 못했던 거고요."

장 팀장의 이야기를 들은 김 프로는 자신이 너무 안일하게 월간 성과 창출 전략을 수립하여 1/4분기 동안 성과가 저조했다는 자책감에 부끄러웠습니다. 그러나 이내 마음을 다잡았습니다. 장 팀장이 이야기해 준 핵심을 듣고 앞으로 자신이 어떤 방식으로 월간 성과 창출 전략을 수립하고 공략 방법을 수립해야 할지 한 줄기 빛을 발견한 느낌이 들었습니다.

"알겠습니다, 팀장님. 이번 달에는 E여대, S여대, D여대 학생들의 지역적 특성과 선호도를 감안하여 E여대는 음료 제품을 중점적으로, S여대는 기능성 시리얼을 중심으로, 그리고 D여대는 유산균 제품을 중심으로 색다른 프로모션 계획을 수립하고 실천해 나가도록 하겠습니다."

많은 사람들이 저지르는 실수 중 하나가 월간 단위로 해야 할 일의 리스트, 업무 처리 절차나 지침을 적어놓은 것을 월간 성과 창출 전략이라고 오해하는 것입니다. 앞서 연간 성과 창출 전략을 수립할 때 강조했듯이 놓치지 말아야 할 점은 월간 성과 창출 전략을 수립할 때도 반드시 공략할 대상을 중심으로 공략 방법과 구체적인 실천 계획이 있어야 한다는 것입니다.

다시 말해 시간, 사람, 행사 중심의 '해야 할 행위'만 나열된 단순 업무 추진 계획은 업무 진행 절차일 뿐, 원하는 월간 성과목표를 성과로 창출하는 데 인과적인 영향을 미치는 효과적인 전략이 아닙니다. 월간 성과 창출 전략은 연간 성과목표보다 규모도 작고 당장 이번 달에 가시적인 성과로 실현해야 하는 사항이기 때문에 보다 상세하고 구체적으로 수립해야만 합니다. 단, 이때에도 유념해야 할 전제 조건은 월간 성과목표의 모습이나 상태, 조건 등이 마치 건물의 조감도나 설계도와 같이 구체적이고 명확해야만 공략 타깃 설정과 세부 실천 계획 수립이 가능하다는 것입니다.

투수라면 '열심히 훈련하다 보면 좋은 성적이 나오겠지'라는 막연한 마인드가 아닌 '투구를 할 때 커브의 각도가 예리하게 꺾일 수 있도록 던져야 해!'라는 생각으로 훈련해야 합니다. 마찬가지로 일을 할 때도 집중해야 할 타깃을 명확하게 설정하고 이를 바탕으로 창의적인 실천 방법을 실행하는 것이 중요합니다.

결과에 상관없이
실행 과정을 분석하라

한 달이나 한 주 내에 성과로 창출해야 할 성과목표와 성과 창출 전략을 수립하고 이를 실행한 후에는 목표와 전략 대비 성과를 비교 분석해 봐야 합니다. 그렇게 함으로써 다음 달이나 차주에 어떤 타깃과 공략 방법을 가지고 전략을 수립하는 것이 가장 유효할지 깨닫는 과정은 반복적인 성과 창출에 대단히 중요합니다.

단기간의 성과목표를 성과로 창출하기 위해서는 자신이 가진 한정된 자원을 가장 효과적으로 활용해서 좋은 성과를 얻은 패턴과 비즈니스 모델을 정확하게 알고 있어야 합니다. 그래야 애초에 기대했던 결과를 내지 못하고서도 원인을 몰라 갈팡질팡하는 상황을 미연에 방지할 수 있습니다.

김 프로는 매월 성과 창출 전략을 수립할 때 공략해야 할 타깃을 정하고 각 타깃별로 가장 최적화된 공략 방법을 수립하고 실행하는 것이 중요하다는 점을 진지하게 받아들였습니다. 그래서 월간 매출 목표 1억 원을 성과로 창출하기 위해 다양한 전략과 실천 계획을 세우고 한 달 동안 최선을 다했습니다. E여대생에게는 음료 제품을 중점적으로 판매했고, S여대생에게는 기능성 시리얼을 중심으로 대대적인 판촉 프로모션을 벌였으며, D여대생에게는 유산균 제품을 중심으로 판매를 확대하기 위해 대학교 학생회와 연계한 프로모션 행사를 진행했습니다.

그 결과 김 프로는 이번 달에 1/4분기의 부진을 딛고 월간 성과목표 대비 90퍼센트인 9000만 원의 매출 성과를 창출할 수 있었습니다. 김 프로는 쏜살같이 장 팀장을 찾아가 기쁨이 가득한 얼굴로 의지를 불태웠습니다.

"팀장님 말씀대로 타깃을 생각하고 전략을 수립하니 비록 한 달 동안이지만 이렇게 성과가 나왔습니다. 저희는 나름대로 훌륭한 성과라고 생각하는데요. 비록 100퍼센트 성과 창출을 하지는 못했지만 지난달에 비해 얼마나 발전한 모습인지 저희도 믿기지 않네요. 팀장님, 정말 감사드립니다. 다음 달에도 타깃 중심

의 성과 창출 전략을 제대로 수립해서 꼭 100퍼센트 성과 창출
하겠습니다!"

뿌듯하게 듣고 있던 장 팀장은 빙긋이 웃으며 말했습니다.

"그래요, 그렇게 하니까 성과가 나오잖아요? 다음 달에도 기
대할게요. 그런데 이번 달에 9000만 원의 매출을 올리게 된 전략
이 얼마나 들어맞았는지 분석은 좀 해봤나요?"

"이달에 월간 성과목표를 90퍼센트나 성과로 창출해 냈는데
요. 이 추세로 봐서는 특별한 분석 없이도 다음 달에도 분명히
좋은 성과를 창출할 수 있을 것이라 생각합니다. 그리고 전략은
머릿속에 다 있습니다. 과정보다도 결과가 말해주는 것 아닙니
까? 너무 염려 마세요."

과연 김 프로의 말처럼 월간 성과목표를 어느 정도 성과로 창
출해 냈다면 실행한 전략에 대한 분석은 하지 않아도 상관없는
것일까요? 결론부터 이야기하면 결과에 상관없이 전략 실행 과
정에 대한 분석은 반드시 해야 합니다.

과정에 대한 분석이 그리 중요하지 않다는 말에 장 팀장의 얼
굴이 일그러지는 것을 목격한 김 프로는 혼자서 이번 달 자신이
올린 매출 9000만 원의 상세 내용을 분석해 봤습니다. 애초에 타
깃으로 삼은 E여대생들을 대상으로 3000만 원(목표 2000만 원), S
여대생들을 대상으로 1500만 원(목표 2000만 원)을 판매했으며, D

여대생들에게는 애초에 팔기로 했던 3000만 원 중 500만 원밖에 매출을 올리지 못한 것으로 나타났습니다. 반면에 전혀 주목하지 않았던 도심 쪽의 B여대에서 3000만 원의 매출이 나왔으며, 기타 대학의 매출이 1000만 원을 차지했습니다.

'어, 원래 전략에서 50퍼센트 정도밖에 안 맞았네. 그럼 다음 달에는 타깃을 바꾸어야 하나? 아니면 그대로 가야 하나? 생각보다 쉽지 않겠어.'

그제야 김 프로는 장 팀장의 의도가 무엇인지를 깨달았습니다. 결국 김 프로가 이번 달에 공략했던 세부 타깃 중 E여대만이 온전히 공략에 성공했다고 볼 수 있고, S여대와 D여대의 학생들을 대상으로 한 공략은 유효하지 못했던 것입니다. 그러니 이번 달에 90퍼센트의 성과를 창출해 냈다고 해도 다음 달에 똑같은 타깃을 대상으로 똑같은 실천 방안을 이행했을 때 더 나은 성과를 창출해 낸다는 보장은 없습니다.

결국 한 달 혹은 한 주간에 자신이 기대하는 성과목표를 성과로 창출해 내지 못했다면 이는 자신의 전략이 핵심 타깃에 어필하지 못했거나 그다지 유효하지 않다는 증거로 겸허히 받아들여야 합니다. 그리고 기존에 수립한 작전이 매월 제대로 들어맞고 있는지, 아니면 계속 헛바퀴만 돌고 있는지 명확하게 분석하는 것이 중요하다는 사실을 유념해야 합니다.

미달성 목표는
만회대책을 수립하라

월간 성과목표 매출 1억 원 대비 9000만 원의 성과를 올린 김 프로는 너무나 기쁜 나머지 장 팀장에게 "팀장님, 이번 달 1억 원 목표 대비 미달성된 1000만 원은 제가 열심히 해서 올해 안에 꼭 보완하도록 하겠습니다"라고 다짐했습니다. 하지만 과연 그 정도로 장 팀장이 순순히 넘어갈 수 있을까요?

아니나 다를까 장 팀장은 김 프로를 앞에 앉혀놓고 조곤조곤 이야기하기 시작했습니다.

"김 프로, 9000만 원 매출에 대한 상세 내용 분석 결과를 다시 한번 잘 살펴봅시다. 우리가 그렇게 신중을 기해 작전을 짜서 실행했음에도 공략하기로 했던 대상 중 E여대생들을 대상으로 했던 세부 타깃 목표만 달성했고(목표 2000만 원 대비 3000만 원 매출), 엄밀히 따져 S여대생들을 대상으로는 500만 원(목표 2000만 원 대비 1500만 원 매출)이 부족했어요. 또 D여대생의 경우 목표 대비 1500만 원(목표 2000만 원 대비 500만 원 매출)이나 부진한 성과를 보였단 말입니다. 이번 달에 매출을 9000만 원 올려서 전월에 비해서는 상대적으로 굉장히 잘한 것 같지만 실제로 보면 우리가 의도한 타깃의 절반 정도밖에는 공략하지 못했어요. 한마디로 타깃 공략 성공률이 형편없는 거죠. 그러니 그렇게 희희낙락하고만 있을 때는 아니라고 생각되네요. 이제는 S여대와 D여대의 학생들을 제대로 공략하지 못해서 발생한 미달성 목표를 언제까지 어떤 방법으로 만회할 것인지 구체적인 대책을 수립하고, 도움이 필요한 팀원들이 있다면 협업을 요청하는 것이 중요해요.”

얼마 뒤 김 프로는 이번 달 미달성 목표를 만회하기 위한 구체적인 대책을 세워 실행에 옮기기로 약속했습니다.

“S여대생을 대상으로는 프리미엄 기능성 음료 판촉 행사를 통해 다음 달까지 500만 원을, 그리고 D여대생들을 대상으로 유기농 유산균 음료 가격 할인을 통해 1500만 원 매출을 올리겠습니다.”

월간 및 주간 단위 성과목표를 설정하고 성과 창출 전략을 수립했다면 이후에는 자신이 실제로 실행에 옮긴 구체적인 실천 계획을 모니터링해야 합니다. 성과로 창출하지 못한 목표가 있는지, 있다면 얼마나 되고 그 이유가 무엇인지 분석하는 과정이 필요합니다. 어렵게 일궈낸 월간 성과를 어쩌다 일어난 반짝 우연으로 끝내지 않기 위해서라도 결과까지의 과정을 중요하게 생각하고 매월 추적하여 모니터링할 필요가 있습니다.

특히 미달성 목표에 대한 만회대책을 수립할 때는 다음을 기억해야 합니다.

첫째, 성과 창출 전략을 수립할 때 핵심적으로 실행하기로 했던 고정변수목표를 제대로 공략했는지 확인해야 합니다. 당연한 줄 알면서도 의외로 이 부분을 간과하는 경우가 많습니다.

둘째, 성과 창출 전략을 수립하면서 설정한 타깃이 제대로 들어맞았는지 확인해야 합니다. 목표 미달성의 원인을 찾을 수 있는 가장 중요한 부분이기도 합니다.

셋째, 타깃이 제대로 설정됐다 할지라도 대상 타깃에게 가치를 제공하는 방법이 효과적이었는지 비교 분석해 볼 필요가 있습니다. 자신이 설정한 대로 공략했음에도 기대하는 성과가 창출되지 않았다면 공략 방법이 적절하지 못했거나 목표 수준에 부합하는 창의적인 공략 방법을 구사하지 못했을 가능성이 높습니다.

성과목표 실행 과정에서 장 팀장과 김 프로가 나누었던 대화에서 알 수 있듯이 우리가 기대하는 최종 성과를 얻기 위해서는 '성과 창출 과정을 일정 수준 이상 반복적으로 재현하는 것'이 대단히 중요합니다. 그러기 위해서는 월간 성과목표를 성과로 창출하기까지의 과정을 마치 투명 유리 박스를 들여다보듯 훤하게 꿰뚫고 있어야 합니다. 하지만 막연한 과정주의는 '마냥 열심히주의'와 별반 다를 게 없습니다. 즉, 성과목표와 동떨어진 타깃이나 세부적인 실행 방안을 논하는 것은 아무런 도움이 안 된다는 뜻입니다.

지속적인 성과를 내고 싶다면 먼저 연간 성과목표로부터 월간 및 주간 성과목표와 조감도를 명확하게 설정하고, 이를 성과로 창출해 내기 위해 선택과 집중을 할 타깃을 선택한 다음 창의적이고 구체적인 공략 방법을 세우는 훈련을 치열하게 해야 합니다. 그래야만 경쟁력을 유지하고 기대하는 최종 성과를 얻을 수 있습니다.

7장

하루의 시작과 끝은 PXR일기를 활용한다

모든 성과 창출의 출발은
일일 성과다

얼마 전 김 프로는 장 팀장으로부터 '자리를 자주 비운다'라는 주의를 받았습니다. A브랜드 제품 영업 성과에 대한 자료 작성을 요청하려고 찾을 때마다 김 프로가 자리에 없었던 것입니다. 김 프로는 요즘 자리에 앉아 있는 시간이 줄고 전화로 친구의 고민을 들어주느라 자리를 비우는 시간이 부쩍 늘었습니다. 게다가 통화를 끝내고 들어오는 길에 옆 부서 동료라도 만나면 잡담하느라 금세 30분이 지나갑니다. 오늘도 김 프로는 친구와 통화를 하고 돌아와 40분 전에 장 팀장이 찾았다는 메모를 보고 황급히 장 팀장 자리로 찾아갔습니다.

"요즘 김 프로는 사적으로 보내는 시간이 잦은 것 같네요. 다른 팀원들은 아침 8시 30분에 출근해서 퇴근 시간까지 성과 창출을 위해 집중력 있는 모습을 보이는데 유독 김 프로만 점심시간도 길고 중간에 자리 비우는 시간도 잦아요. 김 프로가 우리 팀의 허리 역할로서 후배들에게 모범을 보여줘야 하는데, 이건 좀 아니지 않나 싶네요. 특히 김 프로가 9월까지 성과로 창출해내야 하는 3/4분기 성과목표를 생각하면 지금의 하루하루가 얼마나 중요한지 모르나요?

더군다나 이번 주부터 혁신팀에서 주관하는 '클린 매장' 페스티벌이 시작된다고 하던데, 김 프로가 관리하고 있는 대리점 중에 3곳이 내일부터 점검 대상이더군요. 그 대리점들이 문제없이 모두 합격할 수 있는지 체크하고 있나요? 만약 대리점 3곳의 위생 상태가 엉망이라고 지적받게 되면 우리 팀의 이미지도 추락하고 다음 달부터 시작할 '깨끗한 우리 기업'이라는 캠페인 자체에도 악영향을 미칠 거예요.

김 프로가 하는 일은 단지 김 프로 개인 차원의 일로 끝나지 않아요. 회사가 김 프로에게 기대하는 부가가치를 매일 어떻게 창조해 나가는지가 매우 중요해요. 그런 의미에서 김 프로의 오늘 일일 핵심과제는 구체적으로 어떻게 되나요? 출근하면 주간 성과목표를 성과로 창출하기 위해 오늘 하루 동안 반드시 성과로 창출해야 할 핵심과제와 기대하는 결과물을 생각해 보고 하루를 시작하나요?"

"저, 팀장님. 일일 핵심과제까지는 명확하게 세우고 있지 않은 데요. 오늘 좀 미진한 게 있으면 내일 또 보완하고 월간 성과목표나 주간 성과목표만 성과로 창출해 내면 되지, 하루 정도 어떻게 된다고 뭐 급할 거 있나 해서요. 그리고 너무 타이트하게 제 자신을 옭아매는 것 같아서 좀 유연하게 해보려고요."

지금껏 입 아프게 말했으나 김 프로가 대수롭지 않은 듯 넘기니 장 팀장은 속이 부글부글 끓어올랐습니다.

탁월한 성과 창출자로 존경을 받을 것인가, 아니면 동정받는 저성과자로 남을 것인가는 하루를 어떤 개념으로 바라보고 운영하느냐에 따라 갈릴 수 있습니다. 모든 성과 창출의 출발은 일일 성과입니다. 일일 성과가 창출되지 않고서는 주간·월간 성과가 어느 날 갑자기 짠 하고 마술 부리듯이 창출될 수는 없는 법입니다. 그런 면에서 성과 창출 과정은 미분(微分)과 적분(積分)의 선순환 과정이라고 할 수 있습니다. 미분의 최소 단위는 일일 성과목표이고, 적분의 최소 단위는 일일 성과입니다. 성과 창출 측면에서 가장 손해를 보는 사람들이 바로 하루 24시간의 중요성을 잘 모르는 사람들입니다.

이 사람들은 시간을 마치 칼로 두부 자르듯이 균등하게 나누어 사용한다는 개념만 가지고 있는 경우가 많습니다. 그래서 하루는 단지 1년의 365분의 1일뿐이고 한 시간은 하루의 24분의 1이라고 단순하게 생각해 버립니다. 그리고 팀에 무슨 일이 있든 오로지 퇴근 시간만 기다렸다가 칼퇴근하고, 걸핏하면 근무시간 규정을 들먹이기도 합니다.

이 시점에서 혹시 자신이 김 프로처럼 하루를 쉽게 생각하면서 무의미하게 보내고 있는 것은 아닌지 진지하게 되돌아볼 필요가 있습니다. 주 40시간 시대를 맞이하여 대부분의 직장인은 하루 여덟 시간을 근무합니다. 그런데 여덟 시간 중에 전화받는 시간, 회의하는 시간, 커피 마시고 타 부서와 업무 협의하는 시간 등을 제외하고 나면 실질적으로 업무에 집중하여 성과 창출에 쏟아부을 수 있는 시간은 얼마나 될까요? 많아야 50퍼센트 수준인 4시간, 혹은 그 이하일 것입니다. 하루에 4시간, 일주일에 20시간이 실질적으로 업무에 제대로 집중할 수 있는 시간입니다. 한 달 기준으로 보면 휴가도 가야 하니까 대략 한 달 평균 60시간 내외가 성과 창출에 힘쓸 수 있는 시간인 셈입니다.

하루의 절반 이상을 생활하는 직장은 여러 사람이 모인 곳입니다. 정해진 근무시간 동안에는 일을 해서 상위리더가 기대하는 성과를 창출하는 데 집중하고, 가능하면 마감 시간 전에 자신이 맡은 일을 책임지고 완수하는 책임감과 열정이 있어야 합니다. 이건 기본이고 상식입니다. 오랜 시간 동안 질질 끌면서 일하기보다는 집중력을 발휘해 최대한 효과적으로 업무를 완수함으로써 자신의 역할과 책임을 다해야 팀워크도 생길 수 있습니다.

그런 의미에서 자신이 하루 동안 일하는 습관을 다시 한번 냉정하고 객관적으로 돌아볼 필요가 있습니다. 행여 지나치게 낙천적인 성격으로 일이 잘 풀리지 않는데도 쉽게 넘기고 마감 시간도 제때 지키지 못하는 것은 아닌지, 혹은 맡은 일에 대한 책임감이 부족한 것은 아닌지 말입니다.

오늘 자신이 보내는 하루는 단지 오늘의 성과로 그치는 것이 아닙니다. 매일매일의 성과가 쌓여서 주간, 월간, 분기, 그리고 1년의 성과 창출로 이어집니다. 그렇다고 무조건 일하는 시간을 늘리라는 말이 아닙니다. 비효율적인 근무시간 활용은 오히려 옳지 못한 습관이라는 점을 말하고 싶은 겁니다. 일을 언제까지 완료해야 하는지도 중요하지만, 기대하는 결과물을 예상 소요 시간 내에 성과로 창출할 수 있는 혁신적인 방법이 더욱 중요합니다.

목표를 달성했더라도 투입된 자원이 늘어났다면 과연 성과를 창출했다고 말할 수 있을까요? 그런 의미에서 목표 달성도 중요하지만 목표를 성과로 창출하는 데 투입된 자원이 얼마나 적정했는지도 따져봐야 합니다. 대부분의 직장인은 무엇을 언제까지 끝내야 하는지에 신경을 씁니다. 즉, 업무 일정 관리에 익숙한 편입니다. 물론 업무 일정 관리도 중요합니다. 하지만 무엇을 언제까지 실행하여 어떤 결과물을 창출해야 하는지, 한정된 기간 내에 시간을 얼마나 투입해야 하는지 등 기대하는 결과물과 예상 소요 시간 관리가 더욱 중요합니다. 자원으로서의 시간은 예산과 같은 개념으로 생각하고 관리해야 합니다.

김 프로는 그동안 쉽게 생각하고 보냈던 지금까지의 하루하루가 나중에 얼마나 중요한 의미를 지니는지를 제대로 인식해야만 합니다. 한 해의 성과목표 밑그림이 실행을 거쳐 최종적인 성과로 창출되려면 연간·월간·주간·일일 성과목표에 대한 성과 창출 전략이 얼마나 인과적으로 연계되어 있는지가 관건이기 때문입니다.

아무리 잘 기획되고 설계된 연간 성과목표와 성과 창출 전략이라도 정작 일일 단위로 잘게 캐스케이딩하여 치밀하고 디테일하게 실행하지 않으면 아무 소용이 없습니다. 그리고 아무리 일일 단위로 업무 수행을 열심히 했다 하더라도 애초에 의도했던 성과목표를 성과로 창출해 내지 못했다면 역시 아무 소용이 없습니다. 결국 성과로 이어지지 않은 노력은 그저 낭비에 가까운 노력에 지나지 않습니다.

여전히 많은 사람들이 성과목표와 실행이 따로따로인 하루를 보내고 있습니다. 하루의 성과목표를 애써 기획해봤자 중간중간 갑자기 끼어드는 업무들 때문에 소용이 없다는 팀원들의 볼멘소리도 어느 정도 공감은 됩니다. 또한 팀원들은 칭찬을 원하기 때문에 그날그날 팀장의 기분이나 계획 변경을 반영하지 않을 수 없습니다.

하지만 그렇기 때문에 더더욱 연간·월간 성과목표에 초점을 맞춰서 주간·일일 핵심과제와 성과목표를 설정하는 습관이 중요합니다. 최근 사회적으로 주 4.5일제, 주 4일제에 대한 논의가 활발하지만, 주 4일이든 주 4.5일이든 생산성 향상이 뒷받침되지 않으면 공염불에 불과할 뿐입니다. 생산성 향상의 출발점은 일일 성과 창출, 과제별 성과 창출입니다. 미래의 성과 창출 시점으로부터 역계산해서 오늘 하루의 성과 창출을 소중히 여겨야 하루 동안의 성과 책임을 완수할 수 있습니다.

아무리 긴 기간 동안의 성과목표라 하더라도 실행의 단위는 하루라는 사실을 명심해야 합니다. 분기 성과 창출 전략, 월간 성과 창출 전략, 주간 성과 창출 전략은 모두 일일 성과 창출 전략을 인과적으로 도출해 내기 위한 선행 작업일 뿐입니다. 일일 핵심과제와 성과목표, 성과 창출 전략이 실행되어 성과로 창출되어야만 주간·월간·분기·반기·연간 성과가 창출된다는 사실을 절대 잊어서는 안 됩니다.

장 팀장에게 주의를 받은 김 프로는 자신의 주간 성과목표와 연계하여 일일 PXR(Preview, causal eXecution, Review)일기를 작성하면서 일일 핵심과제를 도출해 봤습니다. 이번 주 성과목표는 관리 중인 대리점 3곳이 혁신팀에서 추진하는 '클린 매장' 페스티벌과 관련한 위생 상태 점검에서 합격(평균 92점 이상)하는 것입니다.

이를 일일 단위로 역계산해 봤을 때 'H대리점 클린 매장 합격(93점)하기'를 하루의 핵심과제로 도출할 수 있습니다. 또한 김 프로는 '이탈리아 요리 셰프 면접 후보자 10명 확보'를 위해 다른 일일 핵심과제로 '지인을 통해 이직 의향이 있는 셰프 2명의 연락처 확보하기'를 구체적으로 도출했습니다.

김 프로는 최근 자신이 보여준 나태한 근무 태도와 느슨한 하루 경영을 반성하고 이제부터라도 일일 핵심과제와 성과목표를 제대로 구체화해 일하는 방식을 바꾸어야겠다고 마음먹었습니다.

누구에게나 주어진 시간은 똑같습니다. 물리적 시간은 언제나 똑같은 속도로 절대적으로 돌아갑니다. 그러나 역설적으로 들리겠지만 시간은 상대적입니다. 근무시간 한 시간은 1년 같을 수 있지만 친구들과 보내는 한 시간은 마치 화살처럼 빠르게 지나갈 수 있습니다. 자신이 즐거운 상황에서는 시간의 흐름에 신경을 쓰지 않지만, 싫은 환경에 놓여 있을 때는 그 반대이기 때문입니다. 과연 지금 자신이 느끼는 하루의 속도가 어떠한지, 하루를 어떻게 보내고 있는지 진지하게 되돌아볼 필요가 있습니다.

우리가 명심해야 할 것은 오늘 하루는 어제 자신이 보낸 결과물이며 내일의 선행 과정이라는 점입니다. 오늘 하루에 따라 내일, 한 달, 1년이 달라질 수 있으며 이 모든 시간의 흐름이 연계되어 있습니다. 같은 하루를 활용하는 방법은 사람마다 모두 다릅니다.

"그 사람의 과거는 그 사람의 현재를 보면 알 수 있고, 그 사람의 미래는 그 사람의 현재를 보면 알 수 있다."

법정 스님의 말씀처럼 오늘 하루 동안 자신이 성과로 창출해야 할 성과목표를 어떤 관점에서 바라보느냐에 따라 자신의 미래 모습은 확연히 바뀔 수 있습니다. 그저 단기적인 시각에서 매일 똑같은 하루를 보내는지, 아니면 자신이 그토록 원하는 미래의 초석이 될 하루를 보내는지에 따라 인생이 좌우될 수 있습니다.

오늘 자신의 성과를 좌우할
핵심과제를 선택하라

김 프로는 아침에 출근하자마자 장 팀장을 찾아가 의욕적인 몸짓을 보이며 이렇게 말했습니다.

"팀장님, 제가 관리하는 H대리점의 청결도 검사가 오늘 오후 5시에 있습니다. 작년에 H대리점이 낙제 점수를 받았기 때문에 오늘 검사는 반드시 통과할 수 있도록 선행 지원해야겠다는 생각이 듭니다. 오늘의 핵심과제는 'H대리점 클린 매장 합격(93점 이상)하기'입니다. 마지막 점검을 할 시간이 부족하기는 하지만 청결도 검사를 하기 전에 제가 오늘 직접 대리점에 가서 매장이 깨끗한지 미리 1차 체크해 보겠습니다. 1차 체크가 끝나고 나면 오후에 직원들이 매뉴얼에 따라 대리점 청소를 제대로 하는지

지켜볼 생각입니다. 그리고 검사받기 두 시간 전에는 작년 청결도 검사에서 좋은 점수를 받았던 K대리점의 사례를 대리점 직원들과 마지막으로 공유하려고 합니다."

그 얘기를 들은 장 팀장은 무엇인가 마음에 걸려 보였습니다. 장 팀장이 전해 듣기로는 H대리점이 작년에 청결도 심사에서 좋은 점수를 받지 못했던 이유는 매장의 물리적인 환경 때문이 아니라 직원들의 복장과 용모 청결도, 음식물 쓰레기 처리가 미흡했기 때문이었습니다.

"김 프로, 아침부터 현장에 나가 의욕적으로 움직이겠다는 점은 칭찬해 주고 싶지만 그것보다 한 가지 좀 물어볼게요. 김 프로 생각에 H대리점이 이번에 청결 점수 93점을 받게 하려면 무엇이 가장 중요한 것 같나요?"

"무엇보다 고객들이 대리점에 들어왔을 때 깨끗하게 느끼는 게 최고 아닐까요?"

"그래요? 그러면 다시 질문해 볼게요. H대리점이 작년에 무엇 때문에 청결도 점수가 72점이었는지 그 이유를 알고 있나요?"

김 프로는 "그게……" 하며 머리를 긁적였습니다. 청결도 검사라고 하니 앞뒤 안 재고 '청소만 잘하면 되겠지'라고 생각해 정작 중요한 핵심과제를 확인하는 일을 놓친 것입니다.

"지금 김 프로는 매장을 청결하게 해야 한다는 것은 알고 있지만 핵심적으로 무엇을 세부목표로 달성해야 성과목표로 하는 '청결도 93점'을 받을 수 있는지는 모르고 있네요. 김 프로, 당장은 매장 청소하는 것이 가장 시급하고 중요하게 느껴질 수도 있어요. 그래서 성과 창출에 중요한 과제를 고려하기보다는 당장 급하다고 생각되는 일부터 처리하려고 애쓰는 거죠. 그러나 무엇이 진짜 일일 성과 창출에 핵심인지 정확히 알아야만 해요. 지금처럼 바로 코앞에 닥친 일만 생각하다 보면 일은 일대로 해놓고 하루 성과목표는 하나도 성과로 창출해 내지 못하는 상황을 낳을 수 있으니까요. 그러니 우선 작년에 클린 매장 페스티벌에서 H대리점이 왜 72점을 받았는지 먼저 그 이유를 파악하고, 이번에 93점을 받으려면 구체적으로 무엇을 개선해야 하는지 정확하게 전략을 수립해서 대리점으로 가도록 하세요."

장 팀장의 조언을 듣고 자리로 돌아온 김 프로는 컴퓨터 폴더에서 작년의 페스티벌 보고서를 클릭했습니다. 전체 대리점 중 가장 낮은 위생 점수를 기록했던 H대리점의 보고서를 보는 순간, 하마터면 자신이 엉뚱한 일을 할 뻔했다는 사실을 깨달았습니다.

전년도 H대리점의 매장 청결도는 90점으로 합격 수준이었습니다. 문제는 직원들의 용모와 복장 상태, 그리고 음식물 쓰레기 처리였습니다. 직원들의 복장, 손톱, 머리 부분이 청결하지 못하다는 지적을 받으면서 67점, 주차장에 위치한 음식물 쓰레기봉투가 제대로 처리되지 않아 고객들에게 불쾌감을 주어서 63점을 받았던 것입니다.

이런 현상이 발생하지 않으려면 무엇보다 일일 성과목표를 성과로 창출하는 데 가장 중요하다고 생각되는 세부목표를 실행의 긴급도를 고려해 짚어내는 센스가 필요합니다. 더 구체적으로 말해 중요도란 '인과적 중요도'를 의미합니다. 일일 성과 창출에 인과적으로 영향을 미치는 정도에 따라 전략의 중요도는 높거나 낮아질 수 있습니다. 아울러 긴급도란 '실행의 긴급성'을 의미합니다. 전략을 실행할 때는 늘 적정 시점을 잘 인지해서 실행으로 옮기는 것이 중요합니다. 때를 잘못 맞추면 자칫 성과 창출에 장애가 될 수도 있습니다.

운전을 하다 보면 병목현상이 발생하는 구간을 만나 종종 짜증을 느낍니다. 이러한 병목현상은 차량의 흐름에만 국한된 것이 아닙니다. 자신이 기대하는 것을 이루고자 노력하는 하루의 과정에서도 발생합니다. 특히 시간의 흐름이 막히는 곳을 '시간의 병목'이라고 말할 수 있는데 이것이 시간을 낭비하게 만들고 결국에는 성과를 창출해 내지 못하게 하는 예상 리스크 요인이 되는 것입니다.

김 프로는 H대리점이 전년도에 지적받았던 문제점들을 해결하고 클린 매장으로 인정받기 위해서 가장 핵심적으로 해야 할 과제가 무엇인지를 생각해 봤습니다.

첫째, 직원들의 용모와 복장 상태를 확인하여 95점(전년도 67점)을 받도록 하는 것입니다. 특히 전년도에는 긴 머리의 여자 직원들이 머리를 풀고 다니거나 얼굴 표정이 어둡다는 지적을 받았습니다. 그래서 회사에서 규정한 대로 여자 직원은 이마가 드러나도록 깔끔하게 머리를 묶고 빨간 립스틱으로 마무리해 밝은 인상을 주도록 하며(전년 대비 13점 향상), 남자 직원들은 깨끗한 손톱 상태를 유지하고 검은 양말을 신도록 방침을 정했습니다(전년 대비 10점 향상). 그리고 공통적으로 복장은 1일 1회 사용을 원칙으로 하며 음식물이 묻었을 경우 즉시 교체하도록 했습니다(전년 대비 5점 향상).

둘째, 음식물 쓰레기 처리 프로세스가 개선됐는지 확인해 98점(전년도 63점)을 받도록 하는 것입니다. 가장 문제가 되었던 음식물 쓰레기봉투를 완벽하게 밀봉해 음식물이 새지 않도록 하며(전년 대비 20점 향상), 규정한 위치와 시간대에 처리하도록 기준을 강화했습니다(전년 대비 15점 향상).

일일 성과목표를 성과로 창출해 내기 위해서는 시간, 정보, 예산, 역량 등을 어떻게 배분할지가 매우 중요합니다. 문제는 많은 사람이 당장 급한 일을 중요하다고 생각한다는 것입니다. 그래서 급한 일을 우선순위의 처음으로 올리고 그 일부터 하는 것이 옳다고 생각해 귀중한 시간을 낭비하는 일이 자주 발생합니다.

그러나 우리가 생각하는 급한 일이 모두 중요한 일이라고 할 수 있을까요? 이 점에 대해 신중하게 생각할 필요가 있습니다. 중요한 일과 긴급한 일을 모두 염두에 두고 일을 처리하는 것이 잘못됐다고 단정 지을 수는 없습니다. 하지만 그 둘의 개념 차이를 명확하게 이해하고 일일 성과 창출을 위한 핵심과제와 기대하는 결과물을 영리하게 선택할 필요가 있습니다.

하루를 운영할 때 쓸모없는 분주함에서 벗어나고 싶다면 다음 방법을 적용해 봐도 좋을 것입니다.

첫째, '이 일이 과연 이번 달, 이번 주 성과 창출을 위해 반드시 우선적으로 실행해야 할 핵심적인 일인가?'를 반복해서 자문해 봅니다. 그렇게 하면 중요한 일을 먼저 처리하는 습관을 기르는 데 도움이 됩니다.

둘째, 시간과 역량을 어디에 써야 하는지를 정확하게 파악하려고 노력합니다. 일정 기간을 정해두고 하루 동안 각각의 업무를 처리하는 데 소요된 시간을 기록해 보면 자신이 과연 중요한 일에 시간을 많이 쏟았는지, 아니면 급한 일에만 몰두해서 비효율적으로 하루를 보냈는지를 모니터링할 수 있습니다.

반복해서 강조하지만 하루의 성과가 창출된 모습을 생생하게 그려놓고 여기에 인과적으로 영향을 미치는 세부목표를 조감도 형태로 설정하는 습관을 몸에 익혀야 합니다. 그래야 불필요한 일에 시간을 낭비하지 않고 핵심적인 목표에 에너지를 집중해 남들보다 효율적으로 하루를 사용할 수 있습니다.

제1 성과목표는
오늘 안에 달성하라

장 팀장은 수요일 오후 느지막한 시간에 홍 프로의 PXR일기인 일일 성과기획서를 검토하다가 그를 불렀습니다.

"홍 프로, 어제 내가 이야기했던 대로 현재까지 확보된 이탈리아 요리 셰프 지원자들 명단과 프로필 자료가 준비됐나요? 오늘 내가 검토를 해야 제날짜에 1차 면접 대상자를 추려서 통보하고 다음 주부터 면접을 볼 수 있을 텐데요. 진행 상황이 어떤지 궁금하군요."

"아, 팀장님. 오늘 출근하자마자 하루 동안 반드시 성과로 창출해 내야 할 성과목표를 다음의 세 가지로 정해 봤습니다. 첫 번째로 팀장님께서 말씀하셨던 이탈리아 요리 셰프 지원자 5명의 명단과 프로필 각 1부씩 정리하기, 두 번째로 신입사원 입문 교육용 교재 30부 제본하기, 마지막으로 법무팀과 인사팀에서 요청한 파트너사 계약서 카피 자료 5부 전달하기입니다. 이 세 가지 일일 성과목표를 완벽하게 성과로 창출하기 위해 각각의 업무에 두 시간씩 배정해서 시간 계획을 세웠습니다. 그중에서 현재 신입사원 입문교육용 교재 30부 제본은 인쇄소에 넘겼고요. 법무팀과 인사팀에서 급하다며 독촉한 파트너사 계약서 복사를 막 하고 있던 중입니다. 팀장님께서 말씀 주셨던 이탈리아 요리 셰프 지원자들의 명단과 프로필 정리는 다른 일을 처리하다 보니 아직 완료하지 못했습니다. 제가 알고 지내던 지인들과 아직 통화를 못 했는데, 혹시 오늘 저녁에 직접 만나보고 내일 퇴근 전까지 작성해서 드리면 안 될까요?"

장 팀장은 어처구니없다는 표정을 지었습니다.

하루 세 가지의 성과목표를 성과로 창출해 내기 위해 이리저리 분주하게 움직였을 것 같은 홍 프로의 이야기를 들으면서 여러분은 어떤 생각이 들었나요? 출근하자마자 세 가지 성과목표를 구체화시키고 노력한 흔적이 보이니 장 팀장이 이해해 줘야 할까요? 엄밀히 이야기하면 절반의 성공이라고밖에 볼 수 없습니다.

우선 홍 프로가 장 팀장에게 요청받은 '셰프 지원자 5명에 대한 명단과 프로필 정리 자료 작성'을 포함하여 오늘 하루 창출해 내야 할 성과목표를 총 세 가지로 정하고 하루를 출발한 것까지는 좋았습니다. 하지만 하루를 마감하는 시점에서 보면 결과적으로 장 팀장이 가장 중요시하고 반드시 완료했어야만 했던 우선순위 첫 번째 성과목표를 성과로 창출해 내지 못했습니다. 설령 나머지 두 번째, 세 번째의 일일 성과목표를 성과로 창출했다고 하더라도 첫 번째 성과목표를 성과로 창출하지 못했기 때문에, 조금 과하게 말해 오늘의 성과가 하나도 없었다고까지 말할 수 있습니다.

우리는 급한 일보다 중요한 일을 우선적으로 수행해야 합니다. 중요한 일이란 성과 창출에 인과적으로 연계되고 기대하는 결과물을 성과로 창출하는 데 직접적으로 기여할 수 있는 기간별 핵심과제를 말합니다. 반면 급한 일은 비유하자면 한창 바쁜데 전화벨이 울려 하던 일을 멈추고 전화를 받아야 하는 것과 같은 일입니다.

안타깝게도 많은 사람이 홍 프로처럼 일의 경중과 완급을 잘 구분하지 못하고 있습니다. 중요한 일과 사소한 일을 제대로 구분하지 못하면 한정된 시간을 낭비할 가능성이 높습니다. 탁월한 성과를 창출해 내는 팀원들은 공통적으로 일의 경중과 완급을 조절하는 데 능숙합니다.

핵심은 가장 중요한 첫 번째 성과목표를 완수하지 않은 상태에서 다음 목표로 절대 넘어가지 않겠다는 배수의 진을 치고 집중력 있게 실행해야 한다는 점입니다. 그래야 제일 중요한 목표를 반드시 성과로 창출해 내고 순차적으로 그 이후의 성과목표를 성과로 창출해 낼 수 있습니다.

옆에서 지켜보고 있던 김 프로가 말했습니다.

"팀장님, 제 생각에 신입사원 교육은 다음 주부터 시작이니 오늘 설령 교재를 다 만들지 못했더라도 그다지 큰 타격은 없었을 것 같습니다. 무엇보다 팀장님께서 맡기신 '이탈리아 요리 셰프 지원자 5명의 명단과 프로필 정리'가 중요도나 긴급도를 따져보았을 때 가장 중요하기 때문에 2, 3번 일일 성과목표는 설령 놓치더라도 첫 번째 일일 성과목표만큼은 오늘 반드시 성과로 창출해 내는 게 옳았던 것 같습니다."

"호호, 청출어람이라는 말을 써야겠네요. 이제는 홍 프로가 김 프로에게 오히려 성과코칭을 받아야겠어요. 맞아요, 김 프로. 우선순위를 감안해 하루 동안 가장 집중해서 실행해야 할 첫 번째 일일 성과목표를 정했으면 반드시 그걸 다 끝내야만 해요. 그걸 끝내기 전에는 다른 일일 성과목표의 실행으로 넘어가지 않는 것이 바람직하고요. 그리고 첫 번째 일일 성과목표를 성과로 창출한 후에는 다시 우선순위를 재검토한 다음 두 번째 과제를 시작하는 것이 좋아요. 만약 하루 종일 했는데도 첫 번째 일을 못 끝냈거나 그 일을 하는 데 하루의 전부를 써야 한다면 온종일 그 일에만 매달리는 게 맞는 거죠. 물론 그것이 가장 중요한 일일 성과목표일 경우에 말이에요."

장 팀장은 기분 좋은 웃음을 지으며 재차 확인해 주었습니다.

정신없이 일을 하다 보면 미리 정해놓은 하루의 성과목표를 모두 성과로 창출해 내지 못할 수도 있습니다. 어떤 방법을 쓴다 해도 모든 일을 완벽하게 처리한다는 것은 현실적으로 불가능합니다. 하지만 장 팀장이 이야기한 내용을 잘 곱씹어 보면 하루 동안 많은 일을 했다거나 오랜 시간을 투입했다는 사실은 중요하지 않습니다. 가장 중요한 성과목표를 제대로 성과로 창출해 낼 수 있는가의 관점에서 일을 바라보면 무엇을 첫 번째 성과목표로 삼아야 할지를 현명하게 결정할 수 있습니다.

또한 하루의 성과목표마다 마감 기한을 고려하여 실행으로 옮길 필요가 있습니다. 마감 기한이 없으면 대부분의 일이 지지부진해지거나 마냥 미뤄질 수 있기 때문에 일일 단위의 성과목표도 마감 시간이 있어야 합니다.

하루 중 첫 번째 성과목표를 성과로 창출하기 전에는 다음 성과목표에 대해 미리 걱정하지 말아야 합니다. 첫 번째 일일 성과목표를 성과로 창출해 내는 것이 하루 성과에 있어 무엇보다 중요한 일이기 때문입니다.

개선과제와 만회대책을
피드백하라

"김 프로, 이제 한 시간만 있으면 퇴근 시간인데 약속 있어요? 시원하게 맥주나 한잔하러 가면 어때요?"

장 팀장이 오랜만에 김 프로에게 편안한 캔미팅 자리를 제안했습니다.

"팀장님, 말씀은 너무너무 감사하지만 제가 내일 보고드려야 할 기획안을 오늘까지 꼭 마무리해야 하거든요. 그런데 아직 다못 끝내서 오늘은 일찍 퇴근하기가 어려울 듯합니다. 오늘 말고 괜찮으시면 다음 주에 같이 한잔하시는 건 어떠신지요?"

"김 프로가 웬일이에요? 매번 '일이야 어차피 내일 또 하면 될텐데' 했던 사람이. 나가자고 한 내가 괜히 미안한데요. 김 프로가 중요한 보고서를 작성해야 한다는 걸 깜박 잊었네요. 김 프로 말대로 그럼 다음 주에 내가 한잔 살 테니 오늘은 수고 좀 해주세요."

다른 팀원들과 함께 사무실을 나서는 장 팀장을 보며 김 프로는 속으로 중얼거렸습니다.

'팀장님, 저도 함께하고 싶었는데요. 오늘 세운 성과목표는 절대 미루지 말기로 제 자신하고 약속했거든요. 이번 건은 특히 지난번에 보고드렸다가 퇴짜 맞았던 거라서 제가 더 신경이 쓰이네요. 제대로 준비해서 한 번에 오케이를 받고 싶습니다!'

이윽고 하루를 마감하는 늦은 시간이 되어 김 프로는 보고서를 마무리하고 책상 앞에 앉아서 하루를 돌아봤습니다. 아침에 출근하자마자 기획했던 성과목표가 모두 성과로 창출됐는지를 리뷰하고, 성과 창출 과정 분석을 통해 세부목표 실행 여부에 대한 점검도 놓치지 않으려고 했습니다. 특히 하루 동안 업무를 진행하며 느낀 점이나 새롭게 알게 된 점 등을 곰곰이 생각해 보고 이를 '개선과제와 만회대책'란에 기록했습니다. 성과 창출이 미흡했다고 생각되는 성과목표는 만회대책도 덧붙여 정리했습니다(부록 326p 표 참고).

'나름대로 여러 가지 전략을 짜서 애썼는데 그래도 합격이라는 보상을 받은 것 같아 마음이 흡족하군. 대리점에서도 좋아할 것 같고. 그런데 지난번에 그만둔 셰프를 대체할 인력을 빨리 구해야 하는데, 이 부분은 내일 선배인 홍 프로에게 의견을 구해서 좀 더 보완할 필요가 있겠어. 그리고 이번에 느꼈지만 역시 우수한 셰프들은 평상시에 DB화해 두는 일이 매우 중요한 것 같군. 발등에 불 떨어져서 하면 이미 늦어서 안 되겠어. 수시로 외부 네트워크를 활용하거나 지원 부서에 협조를 요청해서 미리 데이터를 정리하고 중요한 개선과제와 만회대책은 따로 기록해 두어야겠다.'

김 프로는 오늘 성과목표를 완벽하게 성과로 창출해 내지는 못했지만 그래도 성장에 도움이 될 만한 개선과제를 한두 개 얻은 것 같아 마음만은 뿌듯했습니다.

오랜만에 김 프로가 제대로 하루를 마무리하고 있습니다. 하루 업무를 마칠 때 그날 기획하고 계획했던 성과목표의 성과 창출 여부를 확인하고 업무 수행을 통해 자신이 느꼈거나 개선해야 할 점들을 피드백하는 습관은 대단히 중요합니다.

이제 김 프로는 퇴근길 전철 안에서 스마트폰에 기록된 오늘의 일일 성과목표와 성과 창출 결과를 꼭 맞춰보며 하루를 마감합니다. 오늘 하루 일하면서 느낀 점이나 되새겨 볼 부분도 스스로에게 꼼꼼히 피드백합니다. 그러다 보니 매일 성취감도 얻고 내일은 좀 더 도전적으로 해봐야겠다는 용기도 생깁니다.

하루 성과목표를 성과로 창출해 냈다면 문제 될 것이 없겠지만 완수하지 못했다면 이야기는 달라집니다. '오늘 못 한 일은 내일 또 하면 되지'라는 안일한 생각은 스스로에게 독이 될 뿐입니다. 스스로 위안을 삼고 핑계를 대기 위한 비상구를 찾아선 안 됩니다. 결과물을 이루어내는 데 도움이 되는지가 중요합니다.

미래의 성공은 '미래의 과거'인 오늘 하루를 통해 결정된다는 점을 명심해야 합니다. 아무리 연간·분기·월간·주간 성과기획서가 구체적으로 작성돼 있더라도 그 모든 것은 일일 단위의 성과를 창출하기 위한 전제 조건일 뿐입니다. 월간·주간 성과 기획을 오늘 하루 안에 다 실행할 수는 없습니다. 오늘 하루를 미래와 연결되도록 만들어야 하는 이유가 여기에 있습니다. 매일 하루를 마무리하면서 자신이 하루 동안 어떤 성과를 창출해 냈는지, 왜 그런 결과를 얻게 됐는지를 차분하게 짚어보며 스스로 개선할 점을 찾을 수 있어야 합니다.

오늘의 성과가 기대에 미치지 못했다면 다음 날 팀장에게 성과 책임을 추궁당하기 전에 먼저 스스로 무엇을 느끼고 깨달았는지 돌아봐야 합니다. 오늘 부족했던 부분을 내일 어떻게 개선해 나갈 것인지 생각해 보는 시간도 필요합니다. 이런 과정을 통해 매일 자신이 일하는 방식이 얼마나 나아지고 있는지를 냉정

하게 확인할 수 있고, 팀장의 성과코칭도 열린 자세로 받아들일
수 있게 됩니다.

사람들에게 올 한 해 이루고 싶은 것이나 목표가 무엇이냐고
물으면 쉽게 건강 챙기기, 악기 배우기 등을 이야기합니다. 하지
만 막상 목표를 성과로 창출해 내기 위해 구체적으로 어떤 일일
계획을 세웠는지 물어보면 대부분 우물쭈물합니다. 다른 사람들
의 성공과 실패에 대해서는 관심이 많으면서, 스스로를 분석해
본인의 성공을 위한 계획을 세우는 데는 아직 익숙하지 않은 모
습입니다.

직장 생활을 하는 사람들의 모습은 다양합니다. 하루하루를
목표 없이 흘려보내는 사람이 있는가 하면, 일일 단위로 실행목
표나 성과목표를 세워서 이를 성과로 창출하고자 온갖 애를 쓰
는 사람도 있습니다. 각자가 생각하는 올해의 성과목표를 성과
로 창출해 내기 위해 효율적인 하루를 보내고 있는지 반성해 볼
필요가 있습니다. 그리고 한번 성과를 창출해 냈다고 긴장을 풀
어선 안 됩니다. 성과를 창출해 낸 업무 방식을 완전히 습관으로
만들어 자신의 역량으로 체질화해야 합니다.

사람들은 반복되는 일상에 대해 쉽게 방심하고 나태해집니다.
그러나 우리는 오늘 하루만 사는 것이 아닙니다. 1년 후, 10년 후
를 내다보면서 '미래의 과거'인 오늘을 살아야 합니다. 아직 가

야 할 길이 멀다는 뜻입니다. 자신의 일일 성과목표를 어떻게 성과로 창출해 낼 것인가에 대해 끊임없이 고민하며 인과적인 선행 행동 프로세스를 실천하는 습관을 길러야 합니다.

내일의 성공은 스스로 만들어갈 수 있습니다. 자신이 설정한 일일 단위 성과목표를 달성하기 위해 '이것이 아니면 절대로 안 된다!'라는 절실한 마음으로 배수의 진을 치고 집중해야 합니다. 만약 일일 성과목표의 성과 창출 여부와 과정에 대한 리뷰 없이 매일 실패를 반복하고 있다면, 이것은 직무 유기와 마찬가지입니다. 오늘 실패한 근본적인 원인을 분석하고 내일의 성장을 위한 자양분을 스스로 찾아야 합니다. 그렇게 하루하루를 쌓아가다 보면 미래를 위해 꾸준히 노력하는 자신의 모습이 자랑스럽게 느껴질 것입니다.

머리로는 알아도
실행이 안 되는 이유

아무리 가르치고 야단쳐도 일하는 방식이 바뀌지 않는 이유
는 뭘까요? 실행하는 사람의 내면에서 바뀌어야겠다는 생각
이 들지 않아서입니다. 지시하고 야단치면 그 순간에는 수용
하는 척하겠지만 결코 지속하거나 반복하지는 않는 것이 현
실입니다. 머릿속의 생각이 바뀌고 마음으로 느껴져야 비로
소 행동으로 옮기게 됩니다. 지식을 교육하고 스킬을 훈련한
다고 해서 실무에서 바로 적용할 수 있는 것은 아닙니다. 반
복적으로 훈련하고 성과코칭 프로세스를 통해 스스로 실행

방법을 체질화하도록 해야 합니다.

야구를 예로 들면, 커브볼을 던지는 원리를 안다고 해서 바로 던질 수 있는 것이 아닙니다. 먼저 커브볼을 던질 수 있는 신체 조건을 만들고 커브볼의 원리대로 끊임없는 반복 훈련을 해야 겨우 흉내 낼 수 있는 수준에 다다를 뿐입니다. 하루아침에 얻을 수 있는 것은 아무것도 없습니다.

마찬가지로 매출을 높이는 원리를 안다고 해서 매출을 바로 향상시킬 수 있는 것은 아닙니다. 성과목표와 성과 창출 전략을 수립하는 방법을 배웠다 해도 실무에서 곧장 목표와 전략을 제대로 수립하기는 어렵습니다. 다양한 사례를 통해 실습과 반복 훈련을 하고, 성과코칭 과정을 통해 실행의 이치와 원리, 방법을 스스로 깨닫고 적용할 수 있을 때 비로소 가능해집니다.

업무 티칭은 상대방에게 지식과 스킬, 경험과 방법을 가르쳐주는 것입니다. 반면 성과코칭은 상대방이 스스로 해법을 찾을 수 있도록 생각하고 고민하도록 자극하는 활동입니다. 업무 티칭은 일회적이고 단편적이지만 성과코칭은 지속적이고 종합적입니다. 성과코칭은 목표나 전략에 대한 상대방의 생각이 있어야 가능합니다. 상대방이 생각하게 하려면 성과코칭하는 사람의 성과 창출 프로세스에 대한 티칭, 그리고 프로세스 단계별 기준에 대한 질문과 '경독청'이 중요합니다. 경청이 상대방의 말을 듣는 것이라면, 경독청은 상대방의 생각을 글로 적게 하여 그 글을 듣는 것을 말합니다.

일반적으로 코칭이라고 하면 삶의 본질에 대한 깨우침과 인간관계 및 역할을 제대로 수행하기 위한 깨우침 등 주로 개인의 자질에 초점을 두는 경우가 많습니다. 하지만 성과코칭은 조직에서 역할과 책임 수행을 통해 성과를 잘 창출할 수 있도록 도와주는 활동입니다. 특히 성과코칭 과정에서 질문을 잘하기 위해서는, 즉 주먹구구식 질문을 하지 않기 위해서는 성과 창출 프로세스와 프로세스 단계별 개념, 실행 방법에 대한 이해가 필수적입니다.

그리고 성과, 실적, 결과, 과제, 목표, 조감도, 전략, 실행 계획, 리스크 대응 방안, 캐스케이딩, 협업, 성과평가, 전략평가, 프로세스 평가, 개선과제, 만회대책, 프리뷰, 인과적 실행, 리뷰, 플랜, 두(do), 체크, 액션 등 각각의 개념이 가진 의미를 정확히 알아야 합니다.

상대방에게 개념과 기준, 프로세스와 방법에 대해 묻는 것이 1차 질문이며, 1차 질문에 대해 상대방이 어떤 생각을 내놓았다면 그렇게 생각한 근거와 이유 그리고 대안에 대해 묻는 것이 2차 질문입니다. 1차 질문을 하기 위해서는 성과 창출 프로세스와 프로세스 단계별 개념, 기준과 방법에 대한 이해가 선행되어야 합니다. 최대한 구체적이고 실무적으로 이해할 수 있어야 합니다. 그러고 나서 2차 질문을 제대로 하려면 상대방의 생각을 진정성 있게 경독청하고, 이것 역시 구체적·실무적으로 이해할 수 있어야 합니다.

코칭은 다른 사람이 해주는 것이 전부가 아닙니다. 자신에게 실행하는 셀프코칭이 오히려 더 중요할 수 있습니다. 성과 창출 프로세스 단계별로 자신에게 질문하고, 그 질문에 대한 생각을 글로 적어볼 필요가 있습니다. 자기 자신의 목소리를 경독청하고, 그러한 경독청을 통해 다시 자기 생각의 근거와 기준에 대해 질문해야 합니다. 그러한 질문과 대답이 이어지면 스스로 해답을 찾고 깨달을 수 있습니다. 물론 이 과정 역시 그냥 이루어지는 것은 아닙니다. 스스로에게 질문을 던져야 생각을 하게 되고, 자신의 생각을 글로 적어 객관적인 생각을 할 수 있어야 경독청할 수 있습니다.

성과코칭은 상대방의 능동적이고 자발적인 행동을 유도하지만, 업무 지시는 수동적이고 의무적인 행동을 유발합니다. 기대하는 성과를 창출하기 위한 과정은 말처럼 쉬운 과정이 아닙니다. 사람들은 모든 일을 너무 쉽게 생각하는 경향이 있습니다. 이치와 원리를 안다고 해도 그것을 자신의 일에 적용해 기대하는 성과를 얻기까지는 거쳐야 할 단계와 치러야 할 대가가 결코 만만치 않습니다. 성공한 사람들이 성취한 결과만 보고 너무 쉽게 판단해선 안 됩니다. 우리는 결과만 가지고 판단하지만 그들은 그러한 결과를 얻기까지 우리가 모르는 온갖 고생과 대가를 치렀습니다. 성공한 기업이나 성공한 사람이 실행한 방법을 우리가 그대로 따라 할 수는 없습니다. 어설픈 흉내 내기와 베스트 프랙티스(best practice), 벤치마킹은 스스로 생각하는 역량을 기르고 성과 창출 프로세스를 체질화하는 데 오히려 부정적인 영향을 끼칠 가능성이 높습니다.

경영 철학, 능력, 역량, 고객, CEO, 일하는 문화와 방식 등 회사마다 어느 것 하나 같은 것이 없습니다. 누구나 쉽고 편한 방법을 택하고 싶어 합니다. 의지의 문제가 아니라 사람의 신체 구조 자체가 그렇습니다. 하지만 쉽게 익힌 것은 쉽게 잊히고, 남의 방법은 자신의 것으로 쉽게 체화되지 않습니다. 결국 사람은 각자 자신의 방법으로 성공할 수밖에 없습니다.

제4부

Review

성과평가와 피드백

제대로 성과평가하고 피드백해야

다음 성과를 창출해 낼 수 있다

8장

성과와 전략을 리뷰한다

'열심히'는 성과평가의
대상이 아니다

'벌써 한 해가 다 가고 있군. 어느새 인사평가 기간이네.'

김 프로는 사내 인트라넷에 팝업창으로 뜬 '연간 인사평가 시행 안내' 공지를 보고 이렇게 생각했습니다. 올 한 해 정말 열심히 일했다고 생각한 김 프로는 이번 인사평가에서 좋은 평가 등급을 받을 수 있지 않을까 은근히 기대하고 있습니다.

'그래, 이제 내가 한 해 동안 무슨 일을 얼마나 열심히 했는지 잘 정리하는 일만 남았네.'

김 프로는 우선 올해 중점적으로 추진했던 일을 성과평가란에 상세하게 기입해 장 팀장에게 제출했습니다. '뭐, 그 일이 그 일이지. 성과평가라고 다를 것이 있나?'라고 생각하면서 말입니다.

그러나 김 프로가 성과라고 생각했던 것들은 그가 사전에 장 팀장과 합의한 성과목표 설정서상의 평가 항목들과는 다소 거리가 먼 것들이었습니다.

며칠 뒤 김 프로는 다소 상기된 표정으로 장 팀장을 찾아갔습니다.

"팀장님, 섭섭합니다. 제가 올 한 해 얼마나 많은 일을 했는데요. 팀장님도 잘 아시지 않습니까? 며칠 밤을 새운 적도 많았고 궂은일도 도맡아서 했습니다. 그런데 팀장님께서 제 성과를 B등급으로 평가하신 건 도저히 납득이 가지 않습니다."

"김 프로, 우선 올 한 해 열심히 일해줘서 정말 고맙다는 인사를 하고 싶어요. 제출한 내용을 보니 꽤 많은 일을 했더군요."

감사의 마음을 전하는 장 팀장의 말을 들으며 김 프로는 흥분했던 마음을 가라앉혔습니다.

"감사합니다. 올해는 정말 많은 일을 했습니다."

"그런데 김 프로. 인사평가, 특히 성과평가의 기준은 무엇이 되어야 한다고 생가하나요?"

장 팀장의 질문에 김 프로는 살짝 당황했습니다.

"네? 그건 제가 한 해 동안 얼마나 많은 일을 했는가 하는 것 아닌가요?"

"김 프로, 성과평가는 단순히 김 프로가 일을 얼마나 많이 했느냐를 측정하는 것이 아니에요. 사전에 팀장인 나와 합의한 성과 기준과 대비해서 성과목표를 어느 정도 성과로 창출해 냈는지, 또 성과 창출 전략을 제대로 실행했는지를 성과코칭하는 통합적인 매니지먼트라고 볼 수 있어요. 따라서 평가 결과를 활용하는 것도 물론 중요하지만 성과목표와 성과 창출 전략, 역량에 대한 사전 기준을 팀원들과 합의하고 향후에 원하는 성과를 창출하기 위한 발전의 기회를 만들어내는 것이 가장 중요해요. 그런 측면에서 봤을 때 김 프로는 연초에 나와 합의했던 성과목표를 기준으로 바람직한 결과물을 창출해 냈다고 생각하나요? 사실 김 프로가 1년 동안 보여준 아웃풋들은 애초에 나와 합의했던 성과 기준과는 사뭇 다른 결과물이었어요. 그건 중간중간 이야기를 나눴기 때문에 김 프로도 인정하는 부분이잖아요? 그래서 나는 김 프로에게 B등급을 줄 수밖에 없었어요."

"그게⋯⋯. 뭐 사정 다 아시겠지만, 사실 연초에 수립한 성과목표와는 다른 일에 집중해서⋯⋯. 그래도 팀장님, 제가 이번에 진짜로 열심히 했는데요. 성의를 봐서라도 잘 좀 봐주시면 안 될까요?"

제대로 된 평가의 첫걸음은 사전에 설정해 놓은 성과 기준과 행동 기준을 바탕으로 현재 결과물의 상태를 정확하게 파악하여 성과 창출 상태를 가늠해 보는 것입니다. 일을 시작하기 전에 평가 기준을 성과와 역량 측면에서 구체적으로 설정해 놓아야 팀원들이 어떤 성과목표를 얼마만큼 성과로 창출해 내야 하는지를 분명히 알고 인과적으로 행동을 할 수 있습니다. 그래야 일도 제대로 되고 공정한 평가도 가능해집니다.

만약 사전에 수립해 놓은 성과와 역량평가 기준을 무시하고 평가 자체에만 집중하여 자신이 1년 동안 했던 일들을 늘어놓는다면 이는 '성과주의'가 아닌 '실적주의'가 될 뿐입니다. 특히 일부 팀장들이 자신의 마음에 들거나 이익이 된다고 생각하는 팀원들을 편애하여 주관적으로 평가를 해 문제를 일으키는 경우를 종종 볼 수 있습니다. 이는 다른 팀원들에게 상대적 박탈감과 불공정함을 느끼게 만드는 일이므로 평가를 할 때는 팀장들도 매우 신중해야 합니다.

스스로 성과평가를 할 때는 연초에 팀장과 합의한 성과목표를 근거로 해야 합니다. 기대한 결과물이 목적한 대로 성과로 창출됐는지를 판단해야 하는 것입니다. 아울러 성과 창출 전략을 어떻게 실행으로 옮겼는지에 대한 점검도 반드시 필요합니다. 즉, 'KBI(Key Behavior Indicator)'라고 불리는 '핵심행위지표'를 통해 성과 창출 역량을 얼마나 발휘했는지를 따져봐야 합니다(부록 330p 표 참고).

예를 들어 자신이 올해 창출해야 할 성과목표를 '여성 고객 매출액 1억 원', 성과 창출 전략을 '기존 고객 유지율 85퍼센트'로 세웠다고 가정해 봅시다. 이 목표를 성과로 창출하기 위한 인과적인 행동으로는 '우수 여성 고객 대응 강화'와 '기존 고객 불편 사항 해소'를 꼽을 수 있습니다. 그리고 이를 제대로 실천하고 있는지 확인할 수 있도록 '동종업계 여성 고객 마케팅 성공 사례 정리 매월 4건 이상'을 핵심행위지표로 설정하여 1년 동안 실천 여부를 평가해 볼 수 있습니다.

한편 이렇게 성과와 역량 측면에서 최종 성과를 평가하려면 객관적 데이터를 근거로 자신이 창출해 낸 성과와 그동안 실행으로 옮긴 행위 결과물을 따져보는 것이 중요합니다. 객관적 데이터란 자신이 월별로 수립했던 성과 창출 전략과 전월 성과 분석 등의 내용을 말합니다. 아직까지도 많은 사람들이 주관적인 가치 판단으로 일한 결과를 평가하고 있으며, 객관적 데이터를 기반으로 평가하는 데는 익숙하지 않은 것이 사실입니다. 김 프로도 자신의 성과를 매우 과대평가한 경향이 있습니다. 자신이 연초에 수립한 성과목표라는 객관적 데이터를 근거로 평가한 것이 아니라, 자신의 입장에서 주관적으로 평가하고 장 팀장에게 읍소 작전을 펼친 것입니다.

평가를 위한 객관적 데이터를 분석할 때 성과 기준인 목표 대비 성과 창출 정도를 꼼꼼히 검토하기보다는 자신이 한 일의 업무량을 수치화해 얼마나 열심히 했는지를 부각하는 경우가 많습니다. 이것은 올바른 평가 대상자의 모습이 아닙니다.

성과는 연초에 수립한 성과목표 대비 성과 창출 정도에 따라 평가해야 합니다. 그리고 역량은 성과를 창출하기 위해 어떤 인과적 행동을 계획했는지, 또 바람직한 실천을 위해 대상자가 스스로 노력했는지 등 사전에 설정한 행위 결과물 기준에 따라 평가해야 합니다. 또한 이러한 평가가 타당하려면 평가 결과를 뒷받침할 만한 근거를 충분히 갖춰야 한다는 점을 잊지 말아야 합니다.

자기 피드백은
학습을 위한 최상의 도구다

김 프로는 연초에 팀장과 합의한 성과와 역량평가 기준에 근거하여 자신의 성과 창출 정도를 평가해 봤습니다. 그런데 장 팀장이 '이제 결과에 이르기까지의 과정에 대해 자기 피드백을 해보라'고 하자 김 프로는 저도 모르게 한숨부터 내쉬었습니다. 장 팀장과 가볍게 차 한잔 나누며 이야기를 들었을 때는 감이 좀 잡히는 것 같았는데, 막상 혼자 정리해 보려니 어떻게 해야 할지 막막했기 때문입니다.

그런 와중에 마찬가지로 자기 피드백을 준비하고 있는 옆자리 홍 프로의 노트북을 무심코 보았습니다. 마치 누군가에게 편지를 쓰고 있는 듯한 양식이었는데, 책상 위에는 인사평가를 위한 근거 자료가 잔뜩 펼쳐져 있었습니다.

"홍 선배님, 뭐 하십니까? 보고서는 아닌 것 같고⋯⋯. 이거 팀장님께 보내려고 만드신 자기평가서 내용인가요? 일단 전 피드백이라는 말부터가 좀 생소하네요."

"피드백은 '주요 성과와 행동에 이르기까지의 과정을 분석해서 지속적인 성과 창출과 역량 개발을 위해 장려하거나 개선해야 할 부분을 인식하도록 돕는 것'이라고 이해하면 될 거야."

"네, 이제 좀 뭔지 알겠네요."

"다행이군. 난 자기 피드백을 할 때 그냥 말로 하면 중요한 내용을 놓치거나 하고 싶었던 말을 잊어버리는 경우가 많아서 이렇게 먼저 편지 형식으로 적어보는 거야. 혼자서 차분히 정리해보는 거지. 물론 자기평가서에도 반드시 들어가야 할 내용들이 있긴 하지. 아무튼 이걸 팀장님께서 읽어보시고 이야기 나누면 훨씬 좋을 듯해서 말이야."

"그래요? 어떻게 해야 하나요? 저도 좀 알려주시면 감사하겠습니다!"

자기 피드백이란 자신이 성과목표를 성과로 창출하는 과정에서 성과에 영향을 준 주요 요인이나 성과 창출에 필요한 행동을 분석하고, 이를 바탕으로 향후 지속적으로 성과를 창출하고 역량을 개발하기 위한 활동입니다. 흔히 개선점을 찾는 것만을 피드백으로 생각하는데, 이는 피드백의 한 단면에 불과합니다. 자기 피드백은 자신의 성과에 영향을 미친 주요 원인과 성과 창출에 기여한 인과적 행동을 파악하는 것뿐 아니라, 팀장과도 피드백을 주고받는 성과코칭 활동입니다(부록 331p 표 참고).

자기 피드백을 할 때는 먼저 성과와 역량 측면으로 구분해 생각해야 합니다. 팀장에게 보내는 편지 형식으로 작성해도 좋습니다. 할 일도 많은데 굳이 편지 형식으로까지 써봐야 하느냐고 반문하는 사람도 있을 것입니다. 하지만 겨우 1년에 한 번 혹은 반기에 한 번인데 팀장에게 제대로 평가받고 피드백을 듣기 위해서는 본인이 먼저 정성 들여 살펴보고 곱씹어 볼 필요가 있습니다.

스스로의 성과목표와 성과 창출 전략, 발휘한 역량에 대해 리뷰하고 개선점을 찾는 노력에 소홀하다면, 과연 그 일을 누가 대신 해줄 수 있을까요? 자기 피드백은 스스로 '내가 이 정도 수준이구나. 올해 내가 이렇게 일을 했구나'를 깨달을 수 있는 자기반성과 동기부여의 장이자, 자기 학습을 위한 최상의 도구라고 할 수 있습니다.

이튿날 김 프로는 홍 프로가 쓴 자기 피드백 내용을 보게 됐습니다. 홍 프로는 먼저 자기 피드백의 '탁월한 성과' 부분에서 사전에 수립한 성과목표 대비 성과 창출 정도를 확인했습니다. 그리고 어떤 성과 창출 전략을 실행했는지, 전략 실행 과정 중에 어떤 요인에 집중해서 성공적인 결과를 얻을 수 있었는지를 제대로 명시했습니다.

'보완이 필요한 성과'에서는 성과로 창출하지 못한 성과목표를 명시하고 그 원인을 찾아내는 데 주력한 흔적이 보였습니다. 이때는 외부 환경이나 다른 팀원의 도움이 없었기 때문이라는 등의 핑계를 대지 않는 것이 좋습니다. 대신 자신이 놓친 핵심 성공 요인과 잘못 판단한 예상 리스크 요인은 무엇인지를 데이터에 근거해 분석하고 스스로 개선 방향을 찾는 것이 중요합니다. 예를 들어 매월 A제품, P제품에 대한 월간 판매량을 모니터링하여 판매 수요 예측 오차율을 줄이는 방안을 제시할 수 있을 것입니다.

김 프로는 '와우!' 하고 홍 프로가 작성한 성과 측면의 자기 피드백 내용에 감탄했습니다. 더불어 역량 측면의 피드백 내용도 함께 살펴봤습니다(부록 332p 표 참고).

"홍 선배님께서 작성하신 내용을 보고 제가 자기 역량 피드백의 전체적인 흐름을 말해볼게요. 우선 탁월하게 발휘한 역량 측면에서는 성과 창출에 큰 영향을 미쳤다고 생각하는 역량을 언급하고 근거 사례를 제시하신 것 같아요. 그리고 부족하다고 판단되는 역량 부분은 개발이 필요한 역량으로 분류하여 구체적인 행동을 대안으로 제시한 것이 핵심 포인트라고 생각되는데, 맞나요?"

"와, 어깨너머로 보고도 핵심을 잘 짚었는데? 일신우일신(日新又日新)하는구나. 장족의 발전을 했어. 이제 김 프로도 한번 작성해봐. 분명 도움이 될 거야."

팀장이 피드백을 주기 전에 스스로 하는 자기 피드백이야말로 자신에게 동기부여를 하는 가장 훌륭한 방법입니다.

반드시 보완해야 할
역량은 무엇인가?

아침에 출근하자마자 장 팀장과 김 프로는 커피 한 잔을 손에 들고 피드백 면담을 가졌습니다. 1년을 마무리하는 시점에서 성과 목표에 대한 창출 성과와 성과 창출 과정 중의 일에 대해 공개적으로 의견을 교환하고 이야기하는 시간입니다.

"김 프로, 나와의 피드백 면담을 준비하면서 무슨 생각을 해봤나요?"

"저는 지난 1년 동안의 제 성과가 어땠는지 정도만 상기하고 왔습니다. 대부분 팀장님께서 말씀해 주실 줄 알았는데요."

"그랬군요. 그런데 1년을 마무리하면서 갖는 나와의 피드백 면담 시간이 나만 혼자 이야기한다거나 내가 김 프로를 질책하기 위한 자리가 아니란 걸 알고 있죠? 그러니 다음부터는 본인의 주요 성과와 지난 1년 동안 일을 하면서 가장 도움이 됐던 것, 개인적으로 가장 개발할 필요가 있는 영역, 또 팀장인 내게 하고 싶은 말 등을 사전에 먼저 생각해 오면 김 프로에게도 더 유익한 시간이 될 거예요."

"네, 알겠습니다. 팀장님."

"그럼, 김 프로 이야기를 먼저 들어볼까요? 스스로 평가를 내리면서 한 해를 돌이켜 봤을 텐데 어떤 생각이 들었나요?"

김 프로는 잠시 뜸을 들이다가 이내 말을 시작했습니다.

"제가 무엇이 부족한지 알게 됐지만, 좀 억울한 면도 있습니다."

"좋아요. 그런데 어떤 부분이 억울하게 느껴졌죠?"

"예를 들어 홍 프로가 맡고 있는 시장이 제가 맡은 시장보다 훨씬 좋아져서 연초에 부여받은 성과목표를 성과로 창출하기가 더 용이했다고 볼 수 있는데……. 저는 그렇지 못해서 좀 속상하다는 의미입니다."

"그럴 수도 있겠네요. 홍 프로가 맡고 있는 도시락 사업은 1인 가족이 늘어나면서 시장 확대가 용이했다고 볼 수 있지요. 반면에 김 프로가 맡고 있는 대리점 쪽은 유통사업 경쟁이 어마어마하게 치열해졌고 거기다가 원가도 점점 높아지고……."

"맞습니다. 팀장님. 이 유통사업 분야는 외부 시장 환경의 영향을 많이 받아서 저는 좀 억울한 면이 있었어요."

"그렇군요. 그럼 김 프로는 이런 상황을 극복하기 위해 어떤 노력을 기울였나요? 김 프로가 말한 대로 불리한 시장 환경을 극복하기 위해서 어떤 핵심과제를 선정하고 노력했는지 궁금하네요."

"그거야, 열심히 일했죠. 홍보도 많이 하려고 노력했고, 행사도 기획했고, 늦게까지 남아서 야근도 밥 먹듯이 했고. 팀장님도 아시잖아요."

아직까지도 열심히 노력했다는 점을 어필하고 있는 김 프로의 이야기를 잠자코 들어주던 장 팀장은 다음과 같이 이야기했습니다.

"나도 김 프로의 의견이 어느 정도는 일리가 있다고 생각해요. 사실 업무를 추진하다 보면 외부 시장이 좋아져서 덩달아 우리 성과가 높아지기도 하고, 반대로 의욕적으로 업무를 추진했지만 시장이 안 좋아져서 목표 수준에 이르지 못하는 경우도 있죠. 하지만 여성 고객 매출액 1억 원 대비 70퍼센트 정도 수준의 달성률을 보인 김 프로의 경우, 전체적인 일정 계획을 세우고 공략해야 할 타깃을 먼저 정해서 그에 따라 맞춤형 세부 실천 계획을 실행으로 옮겼다면 더 좋은 성과를 창출할 수 있었을 거라 생각해요. 김 프로는 어떻게 생각하세요?"

"네, 그런 부분이 부족했던 것 같습니다. 팀장님께서 늘 강조하시는 타깃을 하반기에 제대로 설정하지 못했습니다. 다음에는 어떤 성과목표가 주어지더라도 항상 공략해야 할 타깃을 가장 먼저 염두에 두고 실행으로 옮기도록 하겠습니다."

두 사람은 특히나 김 프로가 한 해 동안 전략을 실행하면서 보여주었던 바람직한 행동에 대해 많은 이야기를 나누었습니다.

"'여성 고객 매출 1억 원'이라는 제 성과목표를 성과로 창출해 내기 위해서는 무엇보다 기획력이 가장 중요하다는 점을 사전에 팀장님과 합의했기에 '매월 마케팅 학회 논문 1개 정리하기', '2개월에 한 번씩 시장조사 보고서 공유(10페이지 이내)', '분기별 신규 법인 고객 1곳 유치를 위한 세 시간 분량 판촉 행사 기획서 제출'이라는 역량평가 기준을 충족하고자 열심히 노력했습니다. 하지만 앞의 두 가지는 큰 무리 없이 실행한 반면, 세 번째 기준은 충족하지 못했던 것 같습니다. 그래서 내년에는 제가 기획력을 제대로 발휘하기 위한 기본 능력 개발에 많은 노력을 기울여야겠다는 생각이 참 많이 들었습니다."

"그래요. 김 프로의 행동을 유심히 살펴봤더니 상반기에는 의욕이 가득 차서 시장조사 보고서도 내고 현장도 월 2회씩 순회 방문하는 등 노력을 많이 했는데, 시간이 지날수록 그 열정이 조금씩 약해지더군요. 하반기에도 상반기처럼 분발했으면 아마 매출 목표 100퍼센트 달성도 가능하지 않았을까 싶어요. 그러니 역량을 쌓기 위해서는 한순간도 방심해서는 안 돼요. 김 프로가 내년에도 '동종업계 최고의 성과'를 내겠다는 뚜렷한 목표가 있는 만큼 일정 수준에 만족하지 말고 기획력을 높일 수 있도록 끊임없이 배우고 실천했으면 해요."

"네, 팀장님 말씀을 듣고 보니 제가 하반기에 너무 안일해졌던 것 같습니다. 사실 동료들과 비교해 봤을 때 제가 나으면 나았지 뒤처지지 않는다고 생각했었거든요. 그렇지만 다른 사람들과 비교할 게 아니라 제가 맡고 있는 성과 책임을 제대로 완수하기 위해서 아직도 노력해야 할 부분이 많다는 것을 절실히 느꼈습니다. 앞으로 기획력 개발을 위해 필요한 능력이 무엇인지 살펴보고, 계획을 잘 세워서 필요한 역량들을 차근차근 쌓아가도록 하겠습니다."

"좋은 생각이에요, 김 프로. 그래도 작년보다 김 프로가 준비를 많이 해줘서 평가 피드백 면담이 한층 유익한 시간이 된 것 같네요. 김 프로 못지않게 나도 더욱 노력할게요. 김 프로와 내가 손발을 맞춘다면 우리 팀이 추구하는 목표도 효과적으로 성과로 창출해 낼 수 있을 것이고, 김 프로의 역량 수준도 눈에 띄게 높아질 거예요. 그럼 이것으로 올해에 대한 피드백 면담은 마치기로 하고, 3주 뒤에 내년도 목표 설정과 관련한 면담 시간을 갖도록 해요."

피드백 면담은 성과목표를 성과로 창출해 내기 위한 실행 과정과 그 결과를 되돌아보고 평가자인 팀장과 평가 대상자인 팀원이 목표, 전략, 필요 역량에 대한 의견을 교환하며 향후 육성할 점을 공유하는 과정입니다. 팀원이 팀장으로부터 한 해의 목표에 대한 성과 창출 정도와 관련해 일방적으로 꾸지람이나 잔소리를 듣는 자리가 결코 아닙니다. 또한 다음 목표를 설정하는 데 참고할 만한 이슈와 학습 포인트를 공유하는 자리임을 잊지 말아야 합니다. 서류에 나열된 숫자만 가지고 얘기하는 것이 아니라, 서로 얼굴을 맞대고 성과 창출 수준과 노력 정도에 관해 의견을 나누며 앞으로 나아가기 위한 디딤돌을 쌓는 과정이라고 할 수 있습니다.

따라서 평가 결과에 너무 일희일비할 필요가 없습니다. 팀장이 보완하길 원하는 능력이나 필요 역량에 관해 이야기해 주면 긍정적으로 수용하는 것이 현명한 태도입니다. 몸에 좋은 약이 입에 쓴 법이듯, 팀장의 피드백을 자신의 내년도 성과 창출에 도움이 되는 약이라 생각하고 적극적으로 수용하는 자세가 필요합니다. 연초에 팀장과 합의한 목표 수준을 인정하고 어떻게 역량을 쌓아갈 수 있을지에 대해 허심탄회하게 논의한다면, 미래의 성과 창출 가능성을 높이는 동시에 자신에게 필요한 역량을 보다 빠르게 축적할 수 있습니다.

현장 강의에서 팀장들에게 가장 같이 일하고 싶은 팀원을 꼽으라고 하면, 이구동성으로 성과 창출도 잘 해내고 성과를 창출하기 위한 역량도 충분히 확보하고 있는 팀원이라고 말합니다. 그다음 순위가 비록 성과는 창출해 내지 못했지만 무엇이 부족한지 제대로 파악하고 다시는 똑같은 실수를 반복하지 않으려고 노력하는 팀원입니다. 그리고 3순위는 성과를 창출해 냈지만 자신이 무엇을 잘했고 무엇이 부족한지 제대로 인식하지 못하는 팀원입니다.

결국 자신이 수행한 업무를 통해 창출한 성과와 그 과정에서 보여준 행동들을 살펴보면서, 부족한 역량을 스스로 인정하고 그것을 어떻게 메워갈지를 고민하는 것이 무엇보다 중요합니다. 당연히 이를 통해 향후 성과 창출에 어떻게 기여할지를 모색하는 것도 놓쳐서는 안 될 과정입니다.

리더는 리더의 일로
바빠야 한다

조직에서 지속 가능한 성과를 창출하기 위해 리더가 갖춰야 할 핵심 역량은 성과코칭 역량입니다. 성과코칭은 리더가 실무자들에게 역할과 책임을 위임하는 과정에서 반드시 실행해야 하는 의무 사항입니다. 기간별 역할인 핵심과제를 부여하고, 기대하는 결과물인 성과목표를 합의하고, 성과목표를 성과로 창출하기 위한 인과적 성과 창출 전략을 수립하는 프리뷰 단계에서 성과코칭이 가장 중요하고 또 많이 필요합니다.

실행 단계에서도 분기, 월간, 주간, 일일 핵심과제와 성과목표가 제대로 캐스케이딩됐는지, 환경 변화에 따라 롤링플랜은 제대로 적용됐는지에 대해 수시로 성과코칭이 이루어져야 합니다. 주간, 월간 단위의 과제와 목표가 완료될 때마다 목표와 성과를 비교하여 성과평가를 하는 것 역시 성과코칭에 포함됩니다.

그리고 리뷰 단계에서도 성과코칭이 매우 중요합니다. 리뷰는 일을 마치고 난 후에 성과 창출을 위해 세운 전략이 제대로 적중했는지를 평가하는 과정입니다. 예상 납기 및 소요시간을 실제 납기 및 소요시간과 비교·분석해 차이가 발생한 이유를 설명하고, 그 과정에서 드러난 문제점을 어떻게 개선할지 방법을 도출합니다. 또한 미달성한 목표에 대해 만회대책을 수립하는 것도 리뷰에 포함됩니다.

리더들에게 왜 성과코칭이 제대로 이루어지지 않는지 그 이유를 물어보면 대부분 '시간이 없어서'라고 대답합니다. 리더들이 바쁜 이유는 실무자에게 권한 위임을 제대로 하지 못해서입니다. 실무자의 일까지 대신 고민하거나 일일이 지시하고 챙기느라 시간이 없는 겁니다. 왜 그렇게 일일이 지시하고 챙기느냐고 물어보면 실무자들의 능력이 부족해서라고 답합니다.

결국 리더는 실무자의 무능력을 탓하면서 본인이 대신 실무를 챙길 수밖에 없다고 강변하지만, 실무자의 역할과 책임이 무엇인지, 즉 기간별 과제와 목표가 무엇인지 분기 초, 월초, 주 초에 제대로 정해주지 않는 것이 일반적인 모습입니다. 역할과 책임을 수행하기 위해 어떤 능력과 역량이 필요한지, 현재 수준은 어떠한지, 이번 달에는 어떤 지식과 스킬을 얼마만큼 익혀야 하는지도 제대로 코칭해 주지 않습니다.

대부분의 리더는 일을 시킬 때마다 해야 할 과제와 마감기한, 실행할 때 지켜야 할 지침과 유의사항을 정해줍니다. 하지만 일을 시키는 사람이 기대하는 결과물은 무엇인지 이야기해 주고, 결과물을 성과로 창출하기 위한 실무자의 생각을 구체적으로 물어보며 진심 어린 성과코칭을 실행하는 리더는 그야말로 손에 꼽을 정도입니다. 당연히 일이 끝날 때마다 실무자 스스로 성과를 평가하고 개선과제와 만회대책을 생각하게 하는 피드백 성과코칭은 엄두도 내지 못하는 실정입니다. 리더가 실무자의 일을 대신 해주느라 바빠선 안 됩니다. 리더는 리더 본연의 역할로 바빠야 합니다.

제5부

Career Visioning

커리어 비저닝

비전이 명확하면

더 빠르게 성과를 창출해 낼 수 있다

9장

자신이 기여해야 할 미션을 찾는다

일을 통해
무엇을 기여할 것인가?

팀장이라면 당연히 팀원들이 회사 생활에 진지하게 임하기를 바랍니다. 팀원들이 주어진 시간을 알차게 활용해 회사와 사회에 기여하는 주체로 성장하길 기대합니다. 장유진 팀장도 예외는 아닙니다. 김태웅 프로가 좀 더 진지한 자세로 회사 생활에 임했으면 하는 마음이 들 때가 많습니다. 하지만 먹고살기 위해 자기 이해관계에만 급급해서 회사 생활을 하는 사람들도 종종 보입니다.

현재의 유혹에 흔들리지 않고 자신을 잘 통제하는 사람이 훗날 더 큰 비전을 이룰 수 있다는 사실은 다양한 역사적 경험에서 확인할 수 있습니다. 유혹의 대상에 집중하지 말고, 건강하고 가

치 있는 쪽으로 주의를 돌리면 자신을 통제하기가 훨씬 수월해
집니다.

장 팀장은 김 프로가 회사의 성장에 기여하고자 하는 바를 깊
이 생각해 보도록 독려해야겠다고 마음먹었습니다. 그래서 김
프로와의 일대일 면담 시간에 요즘 어떤 생각을 하면서 회사를
다니고 있는지 물었습니다.

"김 프로, 요즘 어때요? 김 프로도 이제 사회생활 경험이 7년
정도 됐으니 회사를 다니면서 자신이 회사에 어떤 존재가 되고
싶은지, 앞으로 어떤 부분에서 기여하고 싶은지 생각이 많을 것
같은데."

"팀장님, 요즘 먹고사는 것이 힘들지 않습니까? 물가는 오르
고, 애는 커가고. 솔직히 요즘은 회사에서 연봉 좀 올려줬으면 하
는 바람이 많이 드네요. 제가 지금까지 회사를 다니면서 주어진
일을 열심히 했다고 생각하는데요. 앞으로 직위가 올라가고 후
배들도 들어오면 제가 해야 할 일이 더 많아질까 봐 좀 걱정되기
도 합니다. 그래도 이 정도면 나름대로 밥값 하고 있는 거 아닌
가요?"

"김 프로가 아직 경제적 이유 말고 회사에서 맡고 있는 업무의
의미나 자신이 회사에 어떻게 기여할지에 대해서는 생각할 겨를

이 없나 보네요. 하지만 그런 것을 생각해 보면 앞으로 회사 생활 하는 데 상당한 도움이 될 거예요. 그런 면에서 김 프로의 가슴을 설레게 만들어줄 '미션(mission)'을 정립해 볼 때가 된 것 같네요."

장 팀장은 김 프로를 비롯한 팀원들이 업무 수행을 통해 회사에 기여하고자 하는 바가 무엇인지 깊이 고민해 봐야 한다고 생각했습니다. 즉, 이제는 김 프로가 자신의 일을 통해 회사에 기여하고 헌신하고자 하는 구체적 가치인 미션이 무엇인지 자신 있게 대답할 수 있어야 한다는 말입니다.

미션은 '자신이 회사나 조직을 위해 존재하는 목적과 이유가 무엇인가?'라는 질문에 대한 대답입니다. 한마디로 '자신이 회사에 기여하고자 하는 바'가 곧 미션입니다. 자신과 맞지 않는 엉뚱한 분야에서 헤매는 사람들은 일을 해도 신바람이 나질 않고, 단지 먹고살기 위해 일한다는 생각밖에 들지 않습니다. 자신의 분야에서 일가를 이룬 많은 사람들은 한결같이 이야기합니다. 열정을 가지고 일하고 싶으면 하고 싶은 일, 잘할 수 있는 일을 하라고 말입니다. 자신이 하고 싶어서 하는 일이 회사나 조직, 그리고 다른 사람들에게 도움이 된다면 정말 보람찬 일이 될 겁니다. 그래서 미션이 중요합니다.

예를 들어 똑같이 하루 일과를 마치고 퇴근해도 한 사람은 "진짜 힘들어서 못 해먹겠구먼. 내가 무슨 부귀영화를 누리겠다고 이렇게……"라며 불평불만을 이야기하고, 또 한 사람은 "오늘은 고되긴 했지만 참 보람차고 즐거운 하루였어. 일은 힘들어도 나 때문에 회사 문제가 잘 해결돼서 기분이 좋네. 내일도 힘내야지!" 하며 일의 의미와 자신이 기여하고자 하는 바를 찾아 긍정적인 마인드로 살아갑니다. 과연 둘 중 어느 사람이 회사를 성장시키고 자신도 성숙하게 다듬어갈 수 있을까요? 당연히 미션이 확고한 후자입니다.

미션은 일시적인 소망이나 충동, 또는 실천할 마음도 없으면서 막무가내로 세우는 새해 소망과는 근본적으로 다릅니다. 미션은 자신의 앞길에 어떠한 장애물이 있더라도 사명감을 가지고 반드시 앞으로 나아가게 하는 강력한 속성을 지니고 있습니다.

장 팀장에게서 미션에 대한 이야기를 들은 김 프로는 이렇게 물었습니다.

"팀장님, 그럼 제 미션을 구체화하기 위해서 무엇부터 해야 할까요?"

"우선 김 프로가 우리 팀, 나아가 회사를 위해 기여하고 싶은 부분이 어떤 것인지부터 생각해 봐요. 자신이 있으나 마나 상관없는 미미한 존재라고 느껴지면 회사에 다니는 이유가 희박해지지 않겠어요? 김 프로가 우리 팀과 회사에 기여하고자 하는 바가 있어야 소명의식을 갖고 끊임없이 노력할 수 있어요. 그런 측면에서 본다면 미션은 김 프로가 힘들고 주저앉고 싶을 때에도 의지할 수 있는 든든한 버팀목이자 어두운 밤하늘의 북극성 같은 역할이라고 보면 돼요."

"제가 우리 팀과 회사에 기여할 수 있는 일이라……. 저는 우리 회사의 대리점 직원들이 원하는 성과를 창출해 내는 데 다양한 방법으로 지원하는 게 저의 사명인 것 같다는 생각이 드는데요?"

"그렇지. 바로 그거예요, 김 프로. 그런 식으로 자신이 기여할 수 있는 일에 대해 생각해 보는 것이 대단히 중요해요. 김 프로가 고객 접점에서 일하는 대리점 직원들이 고객 만족이라는 성과를 올릴 수 있도록 지원하는 것을 자신의 사명이라고 생각했다면 참 바람직한 일이죠."

김 프로의 이야기를 들으면서 장 팀장 역시 최근에 자신이 존재하는 이유를 생각할 겨를이 없었다는 점을 속으로 반성했습니다. 바쁘다는 핑계로 어떻게 회사에 기여할지를 등한시한 채 매일 반복적인 일상을 보내는 날이 많았습니다. 그렇다 보니 팀원들에게도 조직에 기여할 일을 생각할 기회를 주지 못하고 당장 눈앞에 닥친 일부터 처리하도록 요구했던 기억이 떠올라 잠시 미안한 마음이 들었습니다.

김 프로가 단지 생계를 유지하기 위한 수단으로 일하는 것이 아니라, 근무하고 있는 팀과 회사에 기여하며 보람과 의미를 찾겠다는 생각을 가지게 되면 회사 생활의 전환기를 맞이할 수 있습니다. 미션에 대한 이런 생각은 김 프로에게 의욕을 불어넣어주고, 힘들어서 포기하고 싶을 때 마음을 다잡아주는 역할을 할 것입니다. 그것은 뿌리 깊은 나무와 같이 모진 바람에도 흔들리지 않는 인재로 성장하는 데 큰 밑거름이 될 수 있습니다.

고객이 자신에게 기대하는
가치는 무엇인가?

"팀장님께서 지난번에 제가 우리 팀과 회사에 기여하고자 하는 부분에 대해 생각해 보라고 하셨던 말씀이 참 와닿았습니다. 그래서 그동안 '아무 생각 없이 회사를 다녔구나' 하고 반성도 많이 했습니다. 저의 확고한 미션 정립을 위해 그다음으로 무엇을 생각해 봐야 할까요?"

"김 프로, 눈빛이 벌써 달라졌네요. 그럼 한 가지 더 생각해 보죠. 이번에는 우리 팀이나 타 부서 동료들이 김 프로에게 어떤 것들을 기대하는지, 또 어떤 가치를 만들어주길 바라고 있는지 한번 확인해 보세요. 더욱 뚜렷한 미션을 찾는 데 도움이 될 거예요."

김 프로는 장 팀장의 이야기를 듣고 고민했으나 별다른 생각이 떠오르지 않아 오후에 다시 면담하기로 했습니다. 그러고는 '과연 나의 동료, 예를 들면 옆자리의 홍 프로님은 나에게 어떤 기대를 하고 있을까?' 하는 궁금증이 생겨 슬그머니 홍 프로에게 물어보았습니다.

"홍 선배님, 제가 선배님이랑 근무한 지도 2년이 넘었는데요. 선배님께서는 제게 어떤 것들을 기대하고 계신가요? 제가 어떻게 회사에 기여하기를 바라시는지 여쭤보고 싶어서요."

"이거 어려운 질문인데……. 뭐 다른 것보다 업무적으로는 김 프로가 대리점과 관련된 일을 여태까지 두루 잘해왔으니 대리점에서 일어나는 일들, 특히 대리점 직원들이 탁월한 성과를 창출할 수 있도록 지원하는 데 혼신의 힘을 다했으면 하는 기대를 가지고 있지. 요즘 약간 사기가 빠진 것 같긴 하다만. 하하."

김 프로는 잠깐이었지만 홍 프로와의 대화를 통해 동료들이 자신에게 어떤 점을 기대하고 있는지 어렴풋이나마 확인할 수 있었습니다.

'그렇구나. 사람들은 내게 대리점 사람들이 탁월한 성과를 내도록 다양한 방법을 써서 돕기를 기대하고, 그게 내가 회사를 위해 기여하는 부분이라고 보고 있구나. 내가 조직에 기여하는 바라고 생각했던 부분과 일치하네!'

자신의 존재 이유를 확인한 듯한 기쁨에 김 프로는 뿌듯함을 느꼈습니다.

점심시간에 다시 가진 면담 자리에서 장 팀장은 자신의 옛 상사에 대한 기억을 이야기하며 김 프로에게 용기를 주었습니다.

"내가 예전에 같이 일했던 한 부장님은 가슴에 열정을 불러일으키는 일을 위해서 열심히 살아가신다고 자신 있게 이야기하셨어요. 단지 먹고살기 위해 회사를 다닌다고 여긴다면 절대 본인에게 이롭지 못할 거라고 말씀하시면서요. 회사를 위해 자기 일을 묵묵히 하며 살아가는 사람들은 사리사욕을 챙기는 대신 자신의 일에 사명감을 갖는다고 강조하셨죠. 그분은 나뿐만 아니라 후배 팀원 한 명 한 명에게 일하는 방법을 가르쳐주시는 데 상당히 많은 시간을 할애하셨어요. 후배들이 자신에게 기대하는 바가 무엇인지를 정확히 아시는 분이었죠. 오히려 후배들과 함께하는 시간 덕분에 더 많이 배울 수 있었다고 겸손해하셨지만요. 사실 예전에는 나도 김 프로처럼 회사를 먹고살기 위한 수단으로만 생각했었어요. 그러나 그 부장님의 이야기를 들은 후에 내가 어떤 마음가짐으로 일할 것인가, 특히 나를 바라보는 외부 고객이나 내부 동료들의 기대를 어떻게 충족할 것인가를 고민했던 시간이 현재의 나를 만들었다고 해도 과언이 아니에요."

회사 생활에서 다른 사람들이 자신에게 기대하는 바를 명확히 인지하고 그 기대에 기꺼이 부응하고자 하는 마음은 사람을 한 층 더 생동감 있고 열정적으로 만듭니다. 미션을 정립하는 과정에서 자신과 관련된 고객들이 자신에게 기대하는 가치가 무엇일지 생각해 보는 일은 스스로를 더욱 분발하게 하고 역량을 키우겠다는 의지를 북돋우는 중요한 자극이 될 수 있습니다. 또한 조직 내부의 리더와 동료, 타 부서 팀원들을 비롯한 이해관계자들이 자신에게 기대하는 바를 항상 마음속에 새기고 행동하는 것이 무엇보다 중요합니다.

자신이 조직에 존재하는
이유는 무엇인가?

가슴 설레는 미션을 설정하는 일은 대단히 중요합니다. 자신이 팀과 회사에 어떻게 기여해야 하며, 자신의 존재 이유가 무엇인지 숭고한 미션으로 표현해 내면화하면 누가 시키지 않아도 주도적으로 움직이게 됩니다. 단지 인사평가를 잘 받아 연봉을 높이고 팀장이나 임원이 되는 것이 자신의 존재 이유라면 슬프기 짝이 없을 것입니다. 수단으로서의 삶에 매몰되지 않도록 붙들어 주는 것이 바로 미션의 역할입니다.

어느 회사원에게 "만약 내일 당신이 사라진다면 회사에 어떤 변화가 있을 것 같습니까?"라고 물었을 때 "아마 크게 달라질 게 없을 겁니다"라는 대답이 돌아왔다면, 그 사람은 회사에 존재할 특별한 이유도, 기여할 만한 가치도 없는 셈입니다.

장 팀장은 그동안 김 프로의 미션과 관련해 나눴던 이야기들을 하나의 문장으로 정리해서 완성하게 해야겠다고 마음먹었습니다.

"김 프로, 이제 그동안 나눴던 얘기를 정리해서 미션 문구를 스테이트먼트(statement) 형태로 완성해 볼까요?"

"네, 팀장님. 제가 우리 팀이나 회사에 기여할 부분과 저와 관련된 고객들이 제게 기대하는 부분을 확인했으니, 저의 미션을 멋지게 정리할 수 있을 것 같습니다. 정리되는 대로 말씀드릴 테니 성과코칭 부탁드립니다."

사흘쯤 지나 김 프로는 자신의 미션을 '나는 우리 회사 파트너인 대리점 직원들이 고객 만족 서비스를 제공하는 데 기여함으로써 회사 매출 성장에 이바지한다'라고 정리해서 장 팀장에게 보여주었습니다.

"우와, 김 프로. 내 미션도 아닌데 괜히 마음이 흥분되고 설레네요. 김 프로도 그런 느낌 들지 않나요? 뭔가 가슴속으로부터 확 올라오는 숭고한 사명의식이랄까. 나도 내친김에 다시 한번 미션을 재정립해 봤어요. '나는 유통사업과 관련된 회사 내 팀원들이 목표를 성과로 창출할 수 있는 방법을 성과코칭하여 자신의 성과를 창조하는 데 기여한다.' 김 프로가 보기에 제 미션은 어떤가요?"

"팀장님 미션도 대단히 멋진데요. 그래서 팀장님께서 그동안 그렇게 팀원들의 성과코칭에 심혈을 기울이셨던 거군요. 이제야 팀장님께서 혼신을 다하셨던 이유를 알겠습니다. 그러고 보니 이전에는 제가 하는 일이 누구나 할 수 있고 별로 중요하지 않은 일이라는 생각에 회사 생활이 즐겁지도 않고 늘 심드렁해 있었던 것 같아요. 그런데 이렇게 제가 하고 있는 일에 의미를 부여하고, 더군다나 회사에 기여할 일이 많다는 사실을 알게 되니 앞으로 회사 생활이 훨씬 보람 있을 것 같아요."

김 프로의 이야기를 듣고 장 팀장은 그 말에 동의하는 미소를 활짝 지어 보였습니다.

장 팀장은 가슴 설레는 미션을 간결한 문장으로 정리할 때 고려해야 할 세 가지 원칙을 각인시켜 주었습니다.

"김 프로, 다시 한번 강조하지만 자신의 미션을 정할 때는 첫 번째로 자신이 '기여하고자 하는 대상'이 무엇인지 생각해 보는 것이 무엇보다 중요해요. 대상은 사람일 수도 있고 일일 수도 있어요. 두 번째로 내가 기여하고자 하는 대상에게 '어떤 가치'를 제공할 것인지 유형 요소뿐만 아니라 무형 요소까지 고려해 서술해 볼 필요가 있고요. 마지막으로 그 가치를 '어떻게 제공할 것인가?'에 대한 대답이 담겨 있는 형태로 기술하는 것이 바람직해요. 나중에 김 프로가 후배들에게도 이런 점을 애기해 주면 좋을 거예요."

"네, 팀장님. 말씀해 주신 대로 세 가지 원칙에 따라 제가 만든 미션 문구를 보니 다른 팀원들과 구별되는 차별성이 있을 뿐만 아니라 동료들도 많이 공감할 만한 의미를 담고 있는 것 같아 뿌듯하네요. 도움 주셔서 감사합니다."

잘 정리된 미션은 마치 나침반과 같아서 늘 가까이에 두면 길을 잃을 염려가 없습니다. 또한 자신의 역량을 최대한 발휘할 수 있는 정신적인 바탕과 명분이 되어줍니다.

회사 생활을 하다 보면 수많은 굴곡과 변곡점이 있기 마련입니다. 물질적인 가치 혹은 정신적인 가치가 반복적으로 결핍될 수도 있습니다. 그러나 자신이 존재하는 이유를 명확하게 알고 마음의 등대와도 같은 미션에 따라 살아간다면 진정한 마음의 행복을 느낄 수 있습니다. 이처럼 '미션 선언서'는 비록 몇 줄에 불과하지만, 그것이 있느냐 없느냐에 따라 자신이 성장하는 속도는 비교할 수 없을 만큼 달라집니다.

10장

미션 수행에 적합한
커리어 비전을 설정한다

내가 가장 빛날 수 있는
차별점을 찾아라

김 프로가 미션을 정립한 후, 장 팀장은 그와 다시 면담을 했습니다.

"미션 정립을 통해 회사와 일에 대해 진지한 자세를 갖추는 토대를 닦았다면, 이제는 그 미션 수행을 위해 구체적으로 어떤 분야에서 차별화된 역량을 발휘할 것인지 미래의 비전을 그려볼 차례예요."

"비전이요? 비전이 중요하다는 이야기는 들어봤습니다만, 아직 회사 생활과 비전을 어떻게 연결해야 할지 명확하지 않아서……. 인생의 비전과 다른 건가요? 개념 설명을 좀 해주신다면 감사하겠습니다."

"비전은 '회사를 다니는 목적이나 사명을 추구하기 위한 수단으로, 앞으로 자신이 3~5년 후 미래의 어느 시점에 간절하게 되고자 하는 모습을 그린 구체적이고 생생한 청사진'이라고 이해하면 쉬워요. 다시 말해 비전은 김 프로의 미션을 추구하기 위한 실행 수단으로서 적성과 역량을 바탕으로 가장 잘할 수 있는 주특기이자 스페셜리스트로서의 이미지라고 할 수 있어요. 미션이 '왜 이 회사에 다니는가?'에 대한 대답이라면 비전은 '미션을 추구하기 위해 이 회사에서 무엇이 되고자 하는가, 어떤 분야에서 차별화된 모습을 보이고 싶은가?'에 대한 답이라고 보면 되죠.

이를테면 '회사 생활에 제대로 적응하지 못해 다른 팀원들과 관계가 좋지 못한 팀원들이 관계를 개선하고 멋진 팀워크를 발휘할 수 있도록 돕고 싶다'라는 것이 내가 회사를 다니는 목적이라고 해봅시다. 그러면 역량 훈련 전문가가 되어 그런 사람들을 잘 훈련시키는 방법으로 도울 수 있겠네요. 아니면 상담심리 전문가가 되어 그들의 멘토가 돼주거나, 사내 칼럼리스트가 되어 조직에 잘 적응하지 못하는 이들을 위해 사람들의 따뜻한 관심을 이끌어내는 것도 한 방법이겠죠.

다른 예를 하나 더 들어봅시다. '나는 우리 회사가 고유의 영업 모델을 정립하는 데 일익을 담당하고 싶다'라는 것이 미션이라고 해보죠. 그러면 나의 비전은 영업 전문가가 될 수도 있고 기획 전문가, 고객 가치 전문가, 시스템 개발 전문가가 될 수도 있어요. 고유의 영업 모델을 정립하는 데 기여할 수 있는 방법은 여러 가지가 있죠. 그중에서 나의 적성과 핵심 역량을 고려할 때 어떤 분야에서 탁월한 역량을 발휘할 수 있느냐가 비전 설정의 기준이에요."

"아, 회사 생활을 하면서 미션을 지속적으로 추구하기 위해 제가 되고자 하는 미래의 모습을 미리 생생하게 그려놓아야 반드시 미션을 이루겠다는 열정이 솟아날 거라는 말씀이시죠? 제가 제대로 이해했나요?"

"서당 개 삼 년이면 풍월을 읊는다더니, 이젠 척하면 척이네요. 바로 그거예요. 예전같이 환경 변화가 심하지 않았을 때는 굳이 개인이 비전을 세우지 않아도 회사 생활을 하는 데 별문제가 없었어요. 하지만 요즘처럼 한 달 전에 세운 계획도 무용지물이 되기 일쑤인 상황에서는 달라요. 비전이 확실한 사람과 그렇지 못한 사람은 성장 속도에서 엄청난 차이가 날 수밖에 없어요. 그러니 김 프로도 회사 생활을 하는 동안 미래의 목적지까지 내비게이션 역할을 해줄 멋진 비전을 꼭 설정해 둘 필요가 있어요."

김 프로는 장 팀장의 이야기를 듣고 그동안 막연하게만 생각해 왔던 자신의 비전을 이번 기회에 제대로 설정해 보고자 책상 앞에 앉았습니다. 어디서부터 어떤 생각을 떠올려야 할지 막막해하던 김 프로에게 장 팀장이 힌트를 주고 갔습니다.

"먼저 김 프로가 정한 미션을 수행하기 위해 자신이 가장 잘할 수 있는 일이 무엇일지 생각해 보면 미래 비전을 떠올리는 데 도움이 될 거예요."

대리점 직원들이 최고의 고객 서비스를 제공하도록 돕는 일에 최선을 다하는 자신의 모습을 상상하던 김 프로는 '감독', '코치', '멘토', '전문가', '헬퍼'와 같은 단어를 떠올렸습니다. 그리고 자신이 회사 내에서 신입사원들을 대상으로 강의를 했을 때 가장 높은 만족도를 성취했던 것도 떠올랐습니다.

'그래, 가만 생각해 보니 나는 평소에도 회사 동료들이나 후배들이 성장하는 데 도움을 주는 역할을 쭉 해왔던 것 같아. 그게 내 적성에도 맞는 것 같고. 내가 잘되는 것보다 다른 사람들의 성공에 도움을 주는 역할이 가장 행복하고 보람 있었어. 이런 경험을 돌아볼 때 코치나 멘토 같은 사람이 되는 쪽으로 비전을 생각해 보는 것이 좋겠어.'

다음 날 김 프로는 장 팀장과 식사를 하면서 말을 건넸습니다

"팀장님, 어제 말씀해 주셨듯이 저의 미션 수행을 위해 제가 가장 잘할 수 있는 역할이 무엇일까 곰곰이 생각해 보다가, 대리점 직원들이 최고의 고객 서비스 전문가가 되는 것을 돕는 '코치'나 '멘토'가 어떨까 하는 생각이 들었습니다. 그래서 앞으로

의 미래 비전을 이쪽 방향으로 좀 더 구체화시켜 볼까 하는데요. 팀장님께서 보시기엔 어떤가요?"

"좋아요, 일단 방향을 아주 잘 잡은 것 같아요. 김 프로가 평소 다른 사람들의 성장을 돕는 데 탁월한 재주가 있다는 사실은 모두 익히 알고 있으니, 그 장점을 잘 살려서 김 프로의 가슴에 불을 댕길 수 있는 비전 문구를 한번 만들어보세요."

하버드대학교의 에드워드 밴필드 교수는 미국의 성공한 사람들을 오랜 기간에 걸쳐 연구했습니다. 그 결과 그들 대부분이 비전 같은 장기적인 계획을 먼저 세워두고, 이를 바탕으로 단기 계획을 체계적으로 구체화하는 데 뛰어나다는 사실을 알아냈습니다. 마찬가지로 회사에서 일을 할 때도 장기적인 계획 없이 행동하다가는 여러 가지 시행착오를 거듭하다 결국 평범하게 회사 생활을 마감할 가능성이 높습니다. 그런 면에서 경력 개발 비전을 명확하게 설정하면 자신이 수행하는 일에 대한 사명감이 높아질 뿐 아니라, 이루고자 하는 모습에 도달하는 시간이 획기적으로 줄어들 수 있습니다. 또한 자기주도적으로 일하고 다른 사람들과 차별화된 성과를 창출하는 데에도 결정적인 영향을 미칩니다.

그러나 미션은 잘 변하지 않지만 비전은 바뀔 가능성이 큽니다. 일을 하다 보면 자신의 잠재 역량을 뒤늦게 깨닫기도 하고,

현장을 접해보며 의외의 곳에서 관심 분야를 발견하기도 합니다. 그래서 비전은 매년 초, 한 해를 시작하기 전 다시 한번 리비저닝(revisoning)하는 시간을 가질 필요가 있습니다. 조금씩 변화가 생길 수도 있으니 자신의 생각과 변화를 받아들이고 비전을 새롭게 수정해도 무방합니다. 이렇게 하다 보면 어느 순간 더는 흔들리지 않는 자신의 모습을 발견하게 될 것입니다.

미션과 비전이 제대로 설정됐는지 알아보는 가장 좋은 방법은 정리한 미션과 비전을 떠올렸을 때 가슴이 설레고 강한 의욕이 생겨나는지 확인하는 것입니다. 제대로 된 미션과 비전에는 가슴을 요동치게 만드는 마력이 숨어 있습니다. 그리고 아직 그러한 미션과 비전을 찾지 못했다면 찾을 때까지 계속 노력해야 합니다.

만약 비전을 설정하려는 노력을 하지 않는다면 앞으로도 자신이 원하는 바를 얻을 가능성은 낮을 수밖에 없습니다. 도달해야 할 목적지가 분명하지 않으니 전략이나 일상적인 계획도 비전을 창출하는 데 별로 의미가 없을 것입니다. 당연히 자신의 시간과 열정을 낭비하게 되고, 그 결과 회사 내에서 도태되거나 존재 가치를 인정받지 못하게 될 것입니다.

미션 수행을 위해 자신이 가장 잘할 수 있는 일이 무엇인지를 생각해 보면 의외로 쉽게 자신에게 꼭 맞는 비전을 찾을 수 있을 것입니다.

원하는 미래 모습을
임팩트 있게 표현하라

장 팀장은 예전 회사에서 함께 일하던 상사가 자신에게 늘 해주었던 이야기를 김 프로에게도 해주었습니다.

"자신만의 비전을 마음에 품은 사람은 책이나 여러 매체에서 본 특정인을 롤모델로 삼거나, 꿈을 이루고 난 후의 모습을 지금 이룬 것처럼 생생하게 표현하는 데 익숙하다고 해요. 김 프로도 한번 자신의 비전을 멋진 문구로 표현해 보면 좋을 것 같아요."

김 프로는 자신이 가장 잘할 수 있다고 생각했던 일들을 토대로 비전의 모습을 다양하게 떠올려 봤습니다. 대리점 직원들이 고객 만족과 관련된 전문 지식을 쌓도록 돕는 것이 그들을 성장시키는 길이 아닐까 하는 생각에 '회사 내 최고의 프랜차이즈 지식 전문가'라는 비전을 떠올려 봤습니다. 또 대리점 직원 한 사람 한 사람의 마음에 최고의 고객 만족 정신을 심어서 그들을 성장시키는 데 일조하겠다는 의지로 '고객을 무한 감동시키는 최고의 서비스 전문가 양성 코치'라는 비전도 생각해 봤습니다.

옆에서 가만히 지켜보던 홍 프로는 김 프로가 비전을 설정하는 데 조금이나마 도움이 될까 싶어 이야기를 건넸습니다.

"나도 장 팀장님 아시는 분한테 들은 얘기인데, 팀장님도 예전 회사에 근무하실 때 두 가지 비전을 가지고 고민을 많이 하셨다더군. 하나는 팀장님이 유럽 신시장 개척을 통해 회사에 기여하겠다는 포부가 있어서 '동종업계 최고의 유럽 시장 조사 분석 전문가'라는 비전을 세우셨다고 하더라고. 그리고 다른 하나는 '유럽을 내 집 안방처럼 헤집고 다니는 월드 베스트 마케팅 전문가'였다고 하는데, 지금의 모습을 본다면 후자인 월드 베스트 마케팅 전문가라는 비전을 선택하셨다고 봐야겠지."

김 프로는 장 팀장 역시 자신과 비슷한 고민의 과정을 거쳐 지금의 자리에 이르렀다는 이야기를 듣고는 신기한 느낌이 들었습니다. 앞서 떠올렸던 두 가지 비전 문구 이외에도 구체적인 비전의 모습을 추가로 생각해 봤습니다.

며칠 뒤 장 팀장은 김 프로를 불러서 비전 설정에 관한 팁을 말해주었습니다.

"만약 본인에게 비전이 없다면 그것은 곧 김 프로의 미래가 없다는 말과 같아요. 미래의 본인 모습을 그림으로 그릴 수 있고 이루어지리라 확신하게 되면 마르지 않는 에너지가 샘솟을 거예요. 5년 후, 10년 후를 생각하며 하루하루를 살아가는 김 프로와 그렇지 않은 김 프로의 간격은 시간이 지날수록 현격하게 차이가 날 거고요. 그러니 비전 문구를 만들 때는 첫째, 열정을 끌어올릴 만한 내용인지 확인하고 둘째, 공허한 선언이 아닌 실현 가능하면서 도전적인 수준의 비전인지를 검토하고, 마지막으로 하나의 요약된 문장으로 비전 청사진이 생생하게 표현됐는지 살펴보는 것이 중요해요."

이전 직장에서 탁월한 성과를 거두어 현재의 회사로 스카우트된 장유진 팀장은 처음 입사할 때부터 회사를 좀 더 나은 곳으로 변화시키는 리더가 되고 싶었습니다. 그런 꿈을 품었기에 자기가 처한 상황에 맞추어 차근차근 현재의 자신을 만들어 올 수 있었던 것입니다.

또한 그녀는 이전 회사에서도 후배들을 볼 때마다 그들의 잠재된 가능성을 끌어내 주려 다양한 노력을 기울였습니다. 후배들이 자신의 적성과 역량을 고려하여 가장 잘할 수 있고 가장 되고 싶은 모습을 하나부터 열까지 직접 경험하며 보고 듣고 느끼게 함으로써 자기만의 비전을 세울 수 있도록 도왔던 것입니다.

그래서 장 팀장은 김 프로에게도 다른 후배들에게 했었던 것처럼 미래에 대한 넓은 시야를 가질 수 있도록 도움을 주고 싶었습니다.

김 프로가 회사 생활을 하면서 자신이 이루고자 하는 비전을 강력하고 선명한 문장 형태로 마음속에 새기고 있다면, 설령 일시적으로 성과가 창출되지 않더라도 쉽게 좌절하거나 낙심하지 않을 것입니다. 이미 자신의 비전을 창출하기 위한 다양한 방법들이 있음을 깨달았고, 이를 찾으려고 노력할 넉넉한 마음의 여유도 생겼기 때문입니다.

비전이 달성된 상태를
객관적으로 묘사하라

비전이란 '나는 어디로 갈 것인가? 내가 도착하고자 하는 목적지는 어디인가?'를 포함하는 하나의 선언이라고 할 수 있습니다. 따라서 비전은 눈에 보이듯 선명하게 표현하는 것이 매우 중요합니다. 회사 생활을 하는 목적이 명확하고, 그 목적을 위해 자신이 되고자 하는 미래의 모습이 구체적인 그림으로 시각화되면 자신이 가진 모든 역량을 집중적으로 쏟아부을 수 있습니다.

더불어 비전이 창출된 상태를 구체적으로 묘사하되 마치 건물의 조감도처럼 생생하고 입체적인 이미지로 만드는 것이 중요합니다. '앞으로 나는 회사에서 인정받는 사람이 될 거야'와 같은 생각은 누구나 할 수 있지만 구체적인 형태가 없다면 그것은 그저 몽상에 불과합니다. 이 꿈을 생생한 청사진 형태로 만들어 마음속에서 살아 움직이게 해야 실현 가능한 비전이 될 수 있습니다. 그리고 비전은 반드시 비전이 실현되길 희망하는 시기를 구체화해야 합니다. '5년 후 2030년에 유럽 시장 물류 전문가'와 같이 말입니다.

한 주가 시작되는 월요일 아침, 장 팀장은 김 프로에게 물었습니다.

"김 프로, 몇 가지 비전을 생각해 봤을 텐데, 최종적으로 김 프로의 비전을 어떤 것으로 결정했나요?"

"네, 팀장님. 저의 비전은 '고객의 행복을 디자인하는 서비스 전문가 양성 코치'로 정했습니다. 대리점 직원들이 행복을 전하는 전문가로 성장하도록 돕는 코치라는 역할이 제게 큰 자부심을 주리라 생각합니다."

"좋네요. 그럼 이제 그 비전이 달성됐을 때의 모습을 구체적인 수치를 활용해 객관적으로 묘사해 보면 더 가슴에 와닿을 거예요. 김 프로의 비전이 달성될 시기가 언제인지도 정해보세요. 대략 5년 후나 7년 후쯤이 적당해요. 너무 짧으면 투자할 시간이 없고, 너무 먼 이야기라면 실감이 잘 나지 않으니까요. 진지하게 한번 생각해 보세요."

김 프로는 자신의 비전이 실현됐을 때의 모습을 눈을 감고 상상해 봤습니다. 대리점 직원들을 최고의 서비스 전문가로 만들 만한 코치가 되었을 시기는 지금으로부터 대략 5년 후인 2030년이 적당할 것 같았습니다. 2030년이 되면 자신이 육성한 고객 서비스 전문가가 적어도 50명쯤 배출되고, 자신은 국제 공인 PXR 성과코칭 마스터 자격증을 취득해 나름대로 권위를 세울 정도가 되어 있을 것입니다. 게다가 연간 15억 원 이상 매출을 올리는 대리점 10개를 성과코칭하고 있을지도 모른다고 생각하니, 자기도 모르게 입꼬리가 올라갔습니다. 김 프로는 자신이 정한 비전 문구와 비전이 창출됐을 때의 모습을 생생하게 묘사해 비전 조감도를 최종적으로 정리해 봤습니다.

비전은 자신의 현재와 미래를 연결하는 고리입니다. 비전을 통해 창출될 자신의 미래 모습을 생생한 조감도 형태로 그려낼 수 있고, 그것이 실현 가능하다는 확신이 들면 스스로도 놀랄 만한 몰입을 이끌어낼 수 있습니다. 비전을 그릴 때는 '어떤 모습의 사람이 될 것인가', '어디를 향해 나아갈 것인가?'에 대한 구체적인 답을 줄 만큼 선명하고 자세하게 묘사해야 합니다. 마치 건축가가 건물의 설계도를 그릴 때 작은 부분까지 빠뜨리지 않고 세밀하게 설계하는 것처럼 말입니다. 다만 유의해야 할 점은 자신의 비전이 달성 가능한 것, 현실적인 것이어야 한다는 점입니다.

아무리 멋들어진 비전이라 해도 실현 가능성이 희박하다면 그저 공염불에 지나지 않을 것입니다. 부실하게 설계한 건물이 쉽게 무너지듯이 허황된 비전은 그 주인을 망칠 수 있습니다.

마음에 열정을 불러일으키는 비전은 그날그날 자신이 무엇을 하며 시간을 보내야 하는지를 구체적으로 알려줍니다. 비전이 있는 사람은 하루를 헛되이 보내지 않으며, 비전을 실현하기 위해 무엇을 해야 하는지 구체적인 방법을 항상 생각합니다. 만약 비전을 세웠으나 그것을 떠올려도 거기에 몰입할 수 없다면 자신이 세운 비전에 문제가 있는 것은 아닌지 점검해 볼 필요가 있습니다.

[비전]

"2030년 고객의 행복을 디자인하는 서비스 전문가 양성 코치"

- 서비스 전문 인력 50명 양성

- KPCA 인정 PXR 성과코칭 마스터 자격 취득

- 매출 15억 이상 대리점 10개 성과코칭

김 프로처럼 한창 회사 생활을 해나가야 하는 팀원들에게 중요한 것은 자신이 회사 안에서 무엇이 되어야 할지, 무슨 일을 해야 할지 몰라 갈팡질팡하는 시간을 줄이고, 나중에 방향이 바뀌더라도 일단 자신이 되고 싶은 구체적인 미래 모습을 정해놓고 줄기차게 노력하는 것입니다. 그래서 리더는 팀원들에게 되돌릴 수 없는 비전이 아니라 지향점으로서의 비전이 중요하다는 점을 인식시킬 필요가 있습니다.

조직의 패러다임이 예전과는 다른 방향으로 변화하고 있습니다. 예전에는 '입사한다', '회사에 뼈를 묻겠다', '내가 모시는 상사', '시키면 시키는 대로'와 같이 다분히 수직적인 모습이 짙었습니다. 하지만 민주적이고 합리적인 의사결정과 공정함을 추구하는 사회 분위기, 개개인의 자의식 성장과 맞물려서 회사 조직도 수평적인 형태로 바뀌어가고 있습니다. 이제는 '종업원' 대신 '팀원', '상사와 부하' 대신 '팀장과 팀원'이라는 표현을 사용합니다. 사람을 뽑을 때도 '채용'보다는 '함께 일할 멤버를 초빙한다', '사업 파트너를 제안한다'와 같이 함께 일할 사람을 영입한다는 의미가 더 강조되고 있습니다. 또한 사람 자체를 목적으로 보고 구성원들이 잠재 역량을 최대한 발휘할 수 있도록 성과코칭하고 지원하는 문화가 새로운 패러다임으로 자리 잡고 있습니다.

회사 경영의 패러다임도 상사 중심의 집단 관리, 근태 관리 패러다임에서 실무자 중심의 개인 관리, 성과 관리 패러다임으로 전환되는 추세입니다. 조직 중심에서 개인 중심으로 중심축이 바뀌고 있는 것입니다. 팀원들은 예전처럼 종업원으로서 조직 내의 단순 부품 역할을 하는 것이 아니라, 자신의 핵심 역량을 바탕으로 다른 동료들과 함께 공동으로 사업하는 동업자, 파트너로서의 역할을 해야 합니다. 동업자의 역할을 제대로 수행하기 위해서는 조직 내에서 역할과 책임의 기준을 명확히 하고 자신의 핵심 역량으로 최대한 성과를 창출해 내야 하기 때문에 개개인이 지속적으로 추구할 미션과 비전이 반드시 필요합니다.

물론 구체적이고 실질적인 비전을 설정하는 일이 생각만큼 쉽지는 않습니다. '회사를 위해서라면 이 한 몸 기꺼이 바치겠다'라는 미션을 위해 일생을 살겠다고 다짐한 열혈 신입사원이라해도, 이를 위해 어떤 비전을 가져야 하는지를 생각하다 보면 고민에 빠질 수 있습니다. 특히 이상과 현실의 간극, '먹고사는 문제'와 연결되는 비전을 설정할 때는 머릿속이 한층 더 복잡해지기 마련입니다.

'회사 내에서 어떤 모습의 구성원이 될 것인가' 하는 개인 비전을 설정할 때 다음의 세 가지 포인트가 도움이 될 것입니다. 첫째, 자신의 열정을 끌어올릴 만한 것인지를 검토해야 합니다. 둘째, 공허한 선언이 아니라 현실적으로 실현 가능하면서도 도전적인 수준인지를 가늠해 봐야 합니다. 이를 위해서는 반드시 비전 달성 시점을 명기하는 것이 좋습니다. 셋째, 자신이 궁극적으로 되고자 하는 모습을 명확하고 간결하게 표현했는지를 생각해 봐야 합니다.

비전을 제대로 설정하는 일은 역량 있는 개인, 발전 가능성이 있는 개인을 육성하는 데 필수적입니다. 동시에 조직의 성장이라는 측면에서도 대단히 중요합니다.

11장

의사결정을 좌우할 핵심가치를 정한다

무엇을 기준으로
의사결정할 것인가?

미션과 비전을 의미 있게 설정한 김 프로는 궁금해하던 사항을 장 팀장에게 물어봤습니다.

"회사 내에서 성공적으로 경력을 개발하기 위해서는 나만의 '핵심가치'라는 것이 필요하다고 하던데, 설명을 좀 해주실 수 있을까요?"

"안 그래도 김 프로에게 그 이야기를 해주려고 했어요. 핵심가치는 '무엇이 옳고 그른가' 또는 '무엇이 중요한가'에 대해 개인의 판단과 행동을 이끌어내는 의사결정 판단 기준이라고 생각하면 이해가 쉬울 거예요. 예를 들어 학교의 급훈이나 회사의 사훈, 개인의 좌우명, 각 가정에서 세운 가훈 같은 것들이 바로 핵심가치에 해당된다고 볼 수 있죠."

"아, 핵심가치가 그런 의미를 담고 있는 거였군요."

"혹시 유명 인사들의 핵심가치나 좌우명 중에서 기억나는 것이 있나요? 빌 게이츠는 '좋게 만들 수 없다면 적어도 좋아 보이게 만들어야 한다'라는 자신만의 좌우명을 만들어 의사결정 때마다 요긴한 판단 기준으로 활용했어요. 또 '우리 모두 현실주의자가 되자. 그러나 불가능한 꿈을 갖자!'라는 쿠바의 영웅 체 게바라의 좌우명도 핵심가치의 좋은 예라고 할 수 있죠. 이제 김 프로도 본인이 설정한 미션을 추구하고 비전을 실현하기 위해 일상적인 업무 수행을 할 때나 창의적인 아이디어를 생각할 때나 행동을 할 때 의사결정의 판단 기준으로 적용할 수 있는 핵심가치를 만들어보면 좋을 것 같아요."

"네, 팀장님. 멋지게 한번 만들어보겠습니다."

핵심가치는 개인이 조직 내에서 일하면서 마주하는 다양한 의사결정 과정에서 일관된 판단 기준을 적용하도록 돕는 역할을 합니다. 회사 생활을 하다 보면 여러 가지 상황에서 다양한 판단을 해야 하는데, 이때 무엇이 옳고 그른지를 생각하게 해줍니다. 예를 들어 일부 영업사원들이 성과를 창출하기 위해 부정한 방법까지 동원하곤 하는데, 만약 그 회사의 사훈이나 개인의 좌우명이 '정도(正道)로 최선을'이라면 어려운 상황에서도 유혹을 뿌리치고 올바른 의사결정을 할 수 있을 것입니다.

핵심가치는 가치 판단과 행동의 기준 역할을 한다는 점에서 조직뿐 아니라 개인에게도 그 중요성이 커지고 있습니다. 따라서 평소 소중하게 생각했던 가치들을 돌아보고 비전을 실현하는 데 도움이 될 현실적인 핵심가치를 신중하게 찾아내야 합니다. 특히 기억하기 쉽고 강렬한 짧은 문구로 정리해 두면 더욱 효과적으로 활용할 수 있습니다.

몇 시간 뒤 장 팀장은 김 프로에게 한 가지 조언을 더 건넸습니다.

"한 가지 꼭 기억해야 할 사항이 있는데, 핵심가치는 전혀 엉뚱한 곳에서 찾는 것이 아니라 자신의 미션과 비전을 고려해 정리하는 것이 중요해요. 미션을 추구하고 비전을 실현하기 위해 내가 하게 될 행동이나 의사결정의 판단 기준 또는 꼭 지켜야 할 신념 같은 것이기 때문에, 남들 보기에 좋은 미사여구를 찾는 것은 바람직하지 않아요. 처음부터 간결하면서도 강렬한 핵심가치를 정하기는 어려우니, 본인의 비전을 실현해 나가는 데 좋은 영향력을 미칠 수 있는 기준과 원칙들을 나열하고 그중에서 중요한 것들을 키워드로 정리해 보면 도움이 될 거예요."

김 프로는 미션을 추구하고 비전을 실현하기 위한 의사결정 기준과 원칙으로 '대리점 직원들을 행복하게 만들어주기', '나만의 차별화된 성과코칭 방법 생각해 내기', '대리점 직원들에게 말보다 행동으로 솔선수범하기', '고객 입장이 되어 역지사지해 보기' 등을 나열하고 자신의 핵심가치로 합당한 강렬한 문구를 뽑아내 보기로 했습니다.

핵심가치는
짧고 강렬하게

핵심가치의 의미와 필요성에 대해 정리하던 김 프로는 본격적으로 깊이 고민하기 시작했습니다. 처음에는 막연하게 '열심히'라는 단어만 머릿속에 맴돌았습니다. 그러나 단순히 열심히 한다고 해서 자신의 미션과 비전이 달성될 것 같지는 않았습니다.

"팀장님, 미션과 비전까지는 어느 정도 잘 정립한 것 같은데 핵심가치가 생각보다 만만치 않네요. 그동안 제가 어떤 신념을 중요시했고 앞으로 어떤 판단 기준을 가지고 살아가야 할지 꽤 고민이 됩니다."

"김 프로, 혹시 오래된 베스트셀러 중에 『내가 정말 알아야 할 모든 것은 유치원에서 배웠다』라는 책 알아요?"

"아, 그게 책 제목이었나요? 들어본 적은 있는데 책 제목인 줄은 몰랐네요. 그런데 갑자기 왜 그 책 이야기를 하시는 건가요?"

"유치원에서 뭐 배우죠? 차례를 지켜라, 친구들과 사이좋게 지내라, 먹을 것을 나눠 먹어라, 이런 것이죠? 이런 것들을 거꾸로 '하지 마라'라는 표현으로 바꾸면 어떻게 될까요?"

"새치기하지 마라, 싸우지 마라……. 맞나요?"

"네, 맞아요. 그 책의 주제는 유치원에서 삶에 필요한 원리들을 모두 배우지만 이를 실천하는 것은 또 다른 차원의 문제라는 겁니다. 그리고 이는 핵심가치와도 관련이 깊은 이야기죠. 지금 '무엇 무엇을 해라'를 '무엇 무엇은 하지 마라'로 바꿔본 것처럼, 해야 할 것이 잘 정리되지 않을 때는 거꾸로 하지 말아야 할 것을 구체적으로 생각해 본 뒤에 이를 다시 해야 할 원칙으로 재정리해 보는 것도 하나의 방법이 될 수 있어요."

장 팀장의 코칭을 들은 김 프로는 먼저 '파트너인 대리점 직원들이 고객 만족 서비스를 제공하는 데 기여함으로써 회사 매출 성장에 이바지한다'라는 미션과 '고객의 행복을 디자인하는 서비스 전문가 양성 코치'라는 비전을 실현하기 위해 하지 말아야 할 일을 생각해 봤습니다. '대리점 직원이 고객을 속이게 해서는 안 된다', '내 욕심만 차려서는 안 된다', '일희일비해서는 안 된다', '작은 욕심 때문에 고객을 잃어버려서는 안 된다', '서비스

타이밍을 놓쳐서는 안 된다' 같은 구체적인 내용들이 떠오르기 시작했습니다. 김 프로는 자신이 해야 할 일 네 가지와 하지 말아야 할 일 열 가지를 노트에 쭉 적었습니다. 그리고 다음과 같이 정리했습니다.

'대리점 직원들을 최고의 서비스 전문가로 거듭나도록 하는데 무엇이 필요한지 자주 생각하는 것이 바람직하다. 그러나 그런 생각을 오래 하다가 정작 고객에게 적기에 서비스를 제공하지 못하는 실수를 범하게 해서는 안 된다. 그리고 무엇보다 고객을 대할 때는 내 가족을 대하는 것처럼 최선의 서비스를 해야 한다.'

하지만 적어놓고 보니 핵심가치의 내용이 너무 길기도 하고 쉽게 기억하기에는 강렬함도 부족하다는 생각이 들었습니다. 장팀장도 같은 생각이었습니다.

"핵심적인 내용은 일단 어느 정도 정리가 된 것 같네요. 그런데 김 프로 말대로 강렬함은 좀 부족해요. 반드시 그래야 하는 것은 아니지만, 짧지만 오랫동안 기억나는 광고 카피나 몇 자 안 되지만 계속 여운이 남는 시 구절처럼 간결하면서도 강하게 각인되면 좋겠죠? 예를 들어 '진심으로' 같은 핵심가치는 어떨까요? 김 프로가 직접 지금 정리한 내용을 좀 더 강렬하고 간결하게 요약해서 매끄럽게 표현하면 좋을 것 같아요."

[핵심가치]

생각은 한 번 더 많이,

행동은 한 발 더 빨리,

서비스는 한 뼘 더 깊게

김 프로는 마치 김빠진 사이다처럼 밋밋한 자신의 핵심가치를 탄산이 가득한 톡 쏘는 사이다처럼 생동감 있게 만들기 위해 장고를 거듭했고 마침내 만족할 만한 핵심가치를 정리했습니다.

12장

비전 창출을 이끄는 역량지표를 도출한다

행동하지 않으면
성과는 창출되지 않는다

"김 프로, 가슴 벅찬 미션과 눈에 보이는 비전, 그리고 핵심가치를 설정했다고 모든 게 다 끝난 것처럼 방심하면 안 되는 것 알고 있죠? 비전 창출과 핵심가치 실천을 위해 필요한 행동이 무엇인지 살펴보고 이를 꾸준하게 실행하지 않는다면 앞서 정립해 놓은 미션, 비전, 핵심가치는 그림의 떡이나 마찬가지라는 점을 명심하세요. 그런 의미에서 지금부터는 김 프로의 비전과 성과 창출을 위해 매월 혹은 매일 행동으로 실천해야 할 역량지표를 설정해 보면 좋겠어요."

"역량지표요? 그런데 팀장님, '역량'이라는 용어가 아직까지도 좀 생소합니다."

"역량은 '비전과 성과목표를 성공적으로 성과로 창출하는 데 가장 중요한 영향을 미치는 바람직한 행동 특성'을 의미해요. 아울러 역량지표는 수치를 활용해 역량 기준을 정해놓은 것이라고 생각하면 이해하기 쉬울 겁니다. 내가 지식이나 기술을 머릿속으로 알고 있는 것인지, 미션, 비전, 성과목표를 성과로 창출하기 위해 바람직한 행동을 잘하고 있는지, 또 그러한 행동이 진짜로 비전 실현에 큰 영향을 미치는 행동인지 등을 살펴볼 수 있는 유용한 잣대죠."

장 팀장은 김 프로가 비전을 실현하거나 성과를 창출하기 위해 역량을 길러야 한다고 강조해 왔습니다. 그렇다면 왜 역량이 그토록 중요한 것일까요? 피터 드러커의 말을 통해 어느 정도 짐작해 볼 수 있습니다.

"어떤 사람의 목표 달성 능력과 그의 지식 또는 지능 사이에는 그다지 상관관계가 없는 듯하다. 머리가 좋은 사람들은 뛰어난 지적 능력이 비로 성과로 이어지지 않는다는 사실을 인식하지 못하고 있다."

피터 드러커는 지식이나 자격증 같은 단순한 능력 요소보다도 이를 기반으로 성과를 창출할 연결 요소인 인과적 실행력을 역량이라고 해석하고, 이것의 중요성을 강조했습니다. 비전 실현과

무관한 자격증을 취득하거나 성과 창출과 별 상관이 없는 지식을 쌓는 일은 지양해야 합니다. 성과 창출을 위한 인과적 실행력에 실질적으로 기여할 수 있는 가장 바람직한 행동에 초점을 맞추고 실천해야만 본인이 원하는 비전과 목표를 최대한 빠른 시간 내에 성과로 창출할 수 있습니다.

따라서 김 프로도 비전과 성과 창출에 중요한 영향을 미치는 행동 기준을 체계화하고 실천해 나간다면, 자신이 원하는 비전을 앞당겨서 실현할 수 있을 겁니다.

"김 프로, 역량지표를 만들기 위해서는 '고객의 행복을 디자인하는 서비스 전문가 양성 코치'라는 비전과 내년도 성과목표를 성과를 창출해 내는 데 반드시 필요한 인과적 행동이 무엇인지를 파악하는 것이 중요해요. 그리고 다른 동년배 팀원들과 견주어봤을 때 경쟁력을 갖추는 데 꼭 필요한 행동이 무엇인지를 생각해 보면, 역량지표로 만들 필요가 있는 바람직한 행동을 구별해 낼 수 있을 거예요."

옆에서 장 팀장과 김 프로의 대화를 듣고 있던 홍 프로도 한마디 거들었습니다.

"김 프로, 예를 들어서 집 짓는 과정과 관련된 기본 지식이나 경험을 많이 가지고 있는 것과 실제로 1층에는 방을 몇 개 짓고

2층에는 화장실과 베란다를 어떻게 배치시킬지 등을 구체적으로 실행할 수 있는 능력을 비교하면, 아무래도 그 중요성에 차이가 있겠지? 후자처럼 원하는 집을 짓는 데 꼭 필요한 행동을 가려내겠다는 관점으로 접근하는 것이 중요하다는 점을 잊지 말고, 김 프로가 반드시 실천으로 옮겨야 할 행동에 어떤 것이 있을지 먼저 생각해 봐."

선배의 조언까지 들은 김 프로는 '고객의 행복을 디자인하는 서비스 전문가 양성 코치'라는 자신의 비전을 실현하기 위해 꼭 행동으로 옮겨야 할 것들을 곰곰이 생각해 봤습니다. '외식 사업 관련 인적 서비스 성공 사례를 발굴하고 전파', '성과코칭 스킬 향상을 위해 실제 상황을 가정한 역할극(role playing) 연습', '대리점 직원들을 최고의 서비스 전문가로 양성하는 데 필요한 강의 연습'과 같은 행동들이 핵심적으로 필요하다고 정리했습니다. 이 외에도 다양한 실천을 하겠지만, 무엇보다 위의 세 가지가 가장 핵심적으로 실천해야 할 주요 행동이라는 것을 재차 확인했습니다. 또한 내년에 자신이 부여받은 성과목표 중 '여성 고객 대상 매출 1억 원'을 성과로 창출해 내기 위해 꼭 실천해야 할 행동으로 '대리점 성과 분석 데이터를 제때 취합하고 핵심 시사점 도출하기'를 꼽았습니다. 그리고 동년배들 사이에서 기초 체력 유지를 경쟁력으로 삼아야겠다는 생각에 '꾸준한 운동'도 실천해야 할 바람직한 행동으로 분류했습니다.

역량지표를 뽑을 때는 우연히 발생한 일회적 성과가 아니라 반복적인 성과 창출로 연결시키는 인과적인 행동이 무엇인지를 생각해 보는 것이 중요합니다. 팀장 또한 팀원의 성과 창출을 위해 행동 방식을 어떻게 변화시키는 것이 바람직할지에 대해 아낌없는 관심을 보여주어야 합니다.

역량지표는 의지가 아닌
숫자로 표현하라

"김 프로, 반드시 실천해야 할 인과적 행동들을 다섯 가지 정도 뽑아놓았다고 홍 프로를 통해 들었어요. 내가 봤을 땐 괜찮은 것 같던데, 지금 생각해 봐도 김 프로가 뽑아놓은 다섯 가지 행동이 반복적으로 실천해야 할 행동이라고 생각되나요?"

"네, 팀장님. 오늘 아침에 다시 그 다섯 가지 행동이 과연 저의 미진과 내년도 성과목표의 성과 창출에 얼마나 지접적인 영향을 미칠지 생각해 봤는데요. 성과를 창출해 내는 데 가장 중요하면서도 파급력이 큰 행동들이라는 생각에는 변함이 없습니다."

"그래요. 그렇다면 이제는 구체적으로 어떤 행동을 실행해야 하는지를 명확하게 알 수 있도록 숫자를 활용해서 역량지표로 완성해 보면 좋겠어요. 근데 한 가지 명심할 점을 알려줄게요. 예를 들어 김 프로가 '매주 업무를 열심히 하겠다'라는 역량지표를 설정했다고 해보죠. 이때 본인이 생각하는 '열심히'의 기준이 팀장인 내가 생각하는 '열심히'의 기준과 항상 일치할 수는 없을 거예요. 김 프로는 하루 여덟 시간 동안 일하는 것을 '열심히'의 기준으로 생각하는데, 나는 일과 시간은 기본이고 이후 두 시간씩 추가로 도전 업무에 매진해야 '열심히'라는 의미에 부합한다고 생각할 수 있는 거죠. 따라서 역량지표를 정할 때는 '열심히', '도전적으로', '많이'와 같은 추상적인 의지의 표현이 아니라 구체적인 숫자로 명확하게 설정하는 것이 중요해요. 그래야 김 프로 스스로 본인의 성과 창출에 인과적인 영향을 미칠 수 있는 바람직한 행동을 집중해서 실천할 수 있고, 저와 다른 동료들이 객관적으로 피드백할 수 있어요."

김 프로는 연신 고개를 끄덕이며 팀장이 강조하고 있는 핵심을 다시 한번 마음속으로 되새겼습니다.

'내가 설정해 놓은 역량지표를 보고 구체적으로 어떻게 행동해야 할지 감이 잡혀야 한다는 말씀이구나. 그래서 숫자를 활용하는 게 필요한 거고. 그래, 한번 구체화시켜 보자.'

김 프로는 뽑아놓았던 다섯 가지 행동을 숫자를 활용해서 역량지표로 구체화해 봤습니다.

[바람직한 행동]

1. 외식 사업 관련 인적 서비스 성공 사례를 발굴하고 전파하는 행동
2. 코칭 스킬 향상을 위해 역할극(role playing)을 연습하는 행동
3. 프로점 직원들을 최고의 서비스 전문가로 양성하기 위한 강의 연습 행동
4. 프로점 성과 분석 데이터를 일정 내 취합하고 시사점을 도출하기 위한 데이터 분석 행동
5. 운동을 꾸준히 하는 행동

[역량지표]

1. 매주 외식 사업 인적 서비스 성공 사례 스크랩 1건 하기
2. 매주 화, 목 19:00~20:00까지 역할극(role playing) 연습 1시간씩 하기
3. 매주 오프닝 신규 강의 장표 1장 만들고, 10분 이상 스토리텔링식 강의 연습하기(토요일 오전 1시간)
4. 매주 1개 프로점의 성과를 파이 그래프로 나타내고 시사점 1개씩 정리 해보기
5. 매주 2회 이상 2km 조깅하기(주중 1회, 주말 1회)

김 프로가 정리한 역량지표를 옆에서 본 박 프로는 진심으로 감탄했습니다.

"와우, 김 프로. 역량지표 한번 제대로 뽑았네. 김 프로의 비전과 내년도 성과목표의 성과 창출을 위해 필요한 인과적 행동을 염두에 두면서, 각각 숫자를 활용하여 구체적인 행동으로 옮기고 관찰 기록을 할 수 있게 만들어놓았군. 나도 김 프로 것 좀 보고 벤치마킹해야겠다."

"에이, 박 프로님. 왜 이러세요. 선배님께서 직접 해보셔야 실력이 늘죠. 안 그렇습니까?"

칭찬에 인색한 박 프로에게 기대하지도 않은 칭찬을 들으니 김 프로는 괜히 어깨가 으쓱해졌습니다. 장 팀장도 이 상황을 지켜보면서 격려해 주었습니다.

"지금 김 프로가 정리한 역량지표를 100퍼센트 이행한다면 아마 앞으로 김 프로는 회사 내에서 탁월한 성과를 지속적으로 창출해 낼 수 있는 일잘러로 반드시 인정받을 거예요. 그리고 여태까지 김 프로가 나와 함께 쭉 거쳐온 성과 창출 메커니즘을 제대로 이해하는 사람이 우리 회사 내에 거의 없기 때문에 앞으로 김 프로가 회사에 기여할 부분이 더욱 많아지리라 생각되네요. 수고 많이 했어요."

기분이 좋아진 김 프로는 의욕적으로 장 팀장에게 한 가지 질문을 더 던졌습니다.

"그런데 팀장님, 제가 설정해 놓은 역량지표의 실천 여부는 어떻게 관리해야 하는 건가요? 연말에 제가 그냥 알아서 평가하면 되는 건가요?"

"좋은 질문이에요. 본인이 설정해 놓은 역량지표는 최소 매월 한 번씩 점검하고 분석해야 해요. 만약 이번 달에 실천하지 못한 것이 있다면 원인도 분석해 보고 다음 달에 어떻게 실행해야 할지 계획도 한번 세워보는 게 좋겠죠. 그런데 김 프로가 역량지표를 꾸준히 실천했음에도 예상한 결과가 나오지 않는 경우도 있겠죠. 그런 경우에는 본인이 설정해 놓은 역량지표가 성과목표의 성과 창출에 중요한 영향을 끼치지 않거나 행동 기준 자체가 허술하게 수립되어 있을 수 있어요. 이때 자신의 생각만 고집하지 말고 선배들이나 팀장인 나와 상의해서 더 나은 대안을 찾는 것이 좋을 거예요."

장 팀장은 김 프로가 역량지표를 실천하면서 단순히 기준대로 행동을 '했나', '안 했다'로만 판단하지 않고, 실행을 하며 느낀 점이나 의도한 바를 생각하면서 행동했는지를 되돌아볼 수 있도록 꼼꼼히 안내해야겠다고 마음먹었습니다. 지금 정해놓은 바람직한 행동 기준을 실천하면서 기존에 설정해 둔 역량지표가 적합한 것인지 다시 점검해 보고, 그 행동 기준을 계속 유지할지 판단하는 과정도 필요하기 때문입니다. 이에 김 프로가 자신의 역량지표 관리를 소홀히 하거나 생략하지 않도록 특별히 관심을 기울일 계획입니다.

어떤 일이든 행동으로 옮겨야 그에 상응하는 결과가 따라오기 마련입니다. 그것은 성공한 수많은 사람들과 실패자들이 다양한 사례를 통해 이미 증명해 온 사실입니다. 비전이나 성과 창출을 위해 반드시 해야 할 인과적인 행동을 내일로 미루고 늑장을 부리는 것은 대단히 나쁜 습관입니다. 하고자 하는 의지를 꺾어 자신을 그저 그런 사람으로 전락시켜 버리기 때문입니다.

치열한 경쟁 속에서 자신을 차별화하기 위해서는 머리로만 생각하는 것이 아니라, 자신이 원하는 바를 이루는 데 인과적인 영향을 미치는 중요한 행동을 결과물 중심으로 꾸준하게 실천하는 습관을 길러야 합니다. 이때 행위 자체보다 행위를 통해 기대하는 결과물이 무엇인지 구체적인 역량지표로 설정해 놓고 실천하는 것이 중요합니다.

13장

실행력을 담보할
역량 훈련 계획을 세운다

내년을 위해
어떤 역량이 필요할까?

김 프로는 조언을 구할 생각으로 점심시간이 끝날 무렵 장 팀장을 찾아갔습니다.

"팀장님, 제가 내년도 역량 훈련 계획을 수립해 보려고 하는데 어디서부터 어떻게 시작해야 할지 막막해서요. 수고스러우시겠지만 제가 첫 단추만 잘 끼울 수 있도록 조언을 좀 해주실 수 있을까요?"

"물론이죠. 요즘 들어 날로 발전하는 김 프로의 모습을 보면 없는 시간이라도 내서 도와주고 싶은 심정이에요. 우선 역량 훈련 계획은 크게 두 가지 측면에서 훈련이 필요한 역량을 확인해야 하는데, 어떤 관점에서 그 필요 역량을 생각해 보는 것이 좋을지 짐작 가나요?"

"팀장님께서 말씀해 주셨던 것을 생각해 보면, 하나는 제가 내년도에 반드시 성과로 창출해 내야 할 성과목표를 실행하는 데 필요한 인과적 실행력이 무엇인지 파악하고 여기서부터 훈련이 필요한 역량을 확인하는 게 좋을 것 같습니다. 그런데 다른 한 가지는 무엇인지 잘 모르겠습니다, 팀장님."

"맞아요. 일단 한 가지는 제대로 맞혔네요. 이야기한 대로 우선 내년도에 김 프로가 성과목표를 성과로 창출해 내는 데 필요한 인과적 행동에서 필요 역량을 파악해 볼 수 있어요. 1년간의 단기성과 창출을 위한 필요 역량이라고 생각하면 될 것 같아요. 또 하나는 중장기 관점에서 미래 비전을 실현하기 위해 내년도에 우선적으로 훈련해야 할 필요 역량이 무엇일지 선정해 보는 거예요. 이 두 가지 관점에서 필요 역량을 확인하는 것이 역량 훈련 계획 수립의 시작이라고 볼 수 있어요. 알겠죠?"

김 프로는 먼저 자신이 회사에서 이루고 싶은 미래 비전인 '고객의 행복을 디자인하는 서비스 전문가 양성 코치'를 떠올리고, 필요하다고 생각되는 두세 가지 역량을 꼽아봤습니다. 자기 피드백을 작성했을 때 장 팀장에게 들었던 이야기들을 상기하며 내년도 성과목표를 성과로 창출하는 데 필요한 역량이 무엇일지를 열심히 고민했습니다.

이를 통해 내년도 성과 창출 전략을 토대로 자신이 개발해야 할 필요 역량이 창의력과 기획력, 정보 분석력, 커뮤니케이션 역량 등임을 확인할 수 있었습니다. 김 프로는 중장기 비전 달성을 위해 선행적으로 훈련이 필요한 역량과 개인 성과 창출에 필요한 역량을 합쳐서 자신이 내년에 중점적으로 훈련해야 할 필요 역량을 정리해 봤습니다(부록 334p 표 참고).

한 해의 성과목표를 성과로 창출하기 위한 역량 훈련 계획을 세울 때는 무턱대고 아무 훈련이나 실시하려고 할 것이 아니라, 자신의 중장기 비전과 한 해 동안 성과로 창출해야 할 성과목표를 고려해 꼭 필요한 역량이 무엇인지를 먼저 파악해야 합니다. 그 후에 해당 역량 수준을 향상하기 위한 구체적인 역량 훈련 계획 프로세스를 따르는 것이 중요합니다. 성과목표를 잘 설정해 놓았다 해도 그해 자신의 성과목표와 미래 비전 달성에 직접적인 인과성이 있는 전략 실행력, 즉 필요 역량이 뒷받침되지 않으면 성과 창출은 요원하기 때문입니다.

실제로 현업에서 팀원들을 지켜보면 자신의 성과목표를 달성하는 데 별 도움이 되지 않는 자격증을 취득하거나, 글로벌 역량을 키운답시고 회사에서 사용할 기회도 없는 외국어 공부에 몰두하는 경우를 자주 목격하게 됩니다. 우리는 흔히 지식, 스킬,

경험 등 '능력'을 개발하는 일에 집중해 왔기 때문에 성과목표나 회사 내 비전을 창출하는 데 필요한 역량에 초점을 맞추려는 생각은 부족한 것이 사실입니다.

역량은 지식, 스킬, 경험 등의 능력을 바탕으로 성과를 창출하기 위해 필요한 실행력을 말합니다. 그래서 연간 차원의 역량 훈련 계획을 세울 때는 성과목표를 달성하기 위해 수립된 성과 창출 전략을 잘 이해하고 행동으로 옮기는 데 중점을 두어야 합니다. 그리고 현장에서 고객의 요구사항과 환경 변화에 따라 전략을 수정해 가며 반드시 성과목표를 성과로 창출해 낼 수 있도록 '성과 창출 전략 실행력'을 어떻게 높일 것인가에 초점을 맞춰야 합니다. 업무를 수행하기 위해 필요한 기본 자격증을 아무리 많이 가지고 있다 해도 실제로 성과목표를 성과로 창출해 내지 못한다면, 능력은 있으나 역량이 부족한 인재가 될 뿐입니다.

역량은 하루아침에
생기지 않는다

역량은 어쩌다 한 번 교육을 받거나 경험을 한다고 갑자기 향상되는 것이 아닙니다. 장기간에 걸쳐 축적되며 실제로 행동으로 실천해야 체질화될 수 있습니다. 따라서 성과목표와 미래 비전 달성에 필요한 역량을 확인했다면, 다음으로 역량 훈련 목표 수준과 구체적인 방법에 대해 생각해 봐야 합니다.

김 프로는 우선 훈련이 필요하다고 판단되는 역량들을 바탕으로 자기 나름대로 역량 훈련 계획을 세워봤습니다(부록 335p 표 참고). 그것을 본 장 팀장은 구체적인 내용을 제대로 다듬는 데 도움을 주고 싶었습니다.

"역량 훈련 계획을 세울 때는 먼저 역량 확보에 기초가 되는 능력적 요소, 즉 지식, 기술 등과 같은 요소 중 어떤 것이 필요할지를 파악해 이를 포함시켜야 해요. 안 그러면 김 프로가 최초로 잡은 역량 훈련 계획처럼 학습하거나 단련해야 할 대상이 없는 내용이 돼버려요. 성과 창출 전략 실행력을 역량이라고 할 수도 있겠지만, 먼저 능력적인 요소들을 잘 가다듬고 학습하는 것이 역량 발휘를 위한 원동력이 될 수 있어요. 그러니 내가 이야기한 핵심을 잘 생각해서 다시 한번 능력 개발과 역량 훈련 계획을 보완해 보면 좋을 것 같아요."

"네, 팀장님. 말씀해 주신 관점에서 다시 한번 역량 훈련 계획을 보완해 보겠습니다."

김 프로는 처음에 세운 역량 훈련 계획 중 '기획력'을 향상하기 위해 '매월 1회 신제품 관련 시장점유율을 A4 2장 이내로 보고한다'라고 계획하고, 이를 위해 '시장 조사 능력'을 키워야겠다고 생각했습니다. 올해 실행한 전략을 분석한 결과, 업무 성과가 미흡했던 이유가 관련 고객이나 해당 제품외 시장에 민감하게 대응하지 못한 데 있는 것으로 나타났기 때문입니다.

또한 '정보 분석력' 훈련은 '매월 1회 수도권 지역 고객 변동 현황과 시사점 2개를 10분 이내로 브리핑'하는 것을 방법으로 삼고, 이를 위해서 SPSS나 AMOS 같은 통계 패키지를 능숙하게 활용하는 능력이 꼭 필요하다고 보았습니다. 대리점이나 회사 내에 고객 관련 데이터가 있긴 하지만, 막상 어떤 상관관계나 의미가 있는지 판단하지 못해서 어렵게 얻은 데이터를 무용지물로 만든 경우가 많았기 때문입니다. 그래서 이번 기회에 반드시 통계 초급 과정을 이수하여 최소한 데이터 분석은 스스로 해야겠다고 다짐했습니다. 마지막으로 '커뮤니케이션' 역량 항목에서는 '매주 10분 이상 스토리텔링식 강의 연습하기'의 선행 조건으로 '제안형 의사소통 능력'을 보완해야겠다고 판단하여 이를 포함시켰습니다.

이런 식으로 각 필요 역량에 대해 자신이 개발해야 할 능력 항목이 정해지고 나니 달성 여부를 판단할 목표 수준을 고려해 역량 개발 계획을 완성할 수 있었습니다.

장 팀장이 보기에 김 프로가 완성한 역량 훈련 계획은 기대 이상으로 괜찮았습니다. 내년도 성과목표를 고려한 필요 역량과 미래 비전 실현을 위해 훈련해야 할 역량을 확인하고, 각 필요 역량별로 보완이 필요한 핵심 능력을 파악한 흔적이 엿보였습니다. 더불어 각 필요 역량별 능력 개발 목표 수준이 명확했으며, 이를 달성하는 데 도움이 될 만한 구체적인 방법들도 적절하게 담겨 있었습니다. 특히 장 팀장은 김 프로의 계획 중에 대리점 현장 근무를 자청하겠다는 계획을 높이 평가했습니다.

"김 프로, 실제 대리점 현장 근무를 자청해 역량을 높이려는 시도는 대단히 좋은 아이디어라고 생각해요. 어떻게 이런 생각을 하게 됐어요?"

"네, 저는 대리점에 불만 전화를 거는 고객들의 컴플레인을 생생하게 전해 듣고 서비스 개선 제안을 수정할 방법에 대해 오래 고민해 왔습니다. 그래서 직접 현장에 나가 실제 고객 전화 응대 상황을 체험해 보고 대처법을 찾아야겠다는 생각으로 역량 개발 계획을 작성해 봤습니다."

장 팀장은 김 프로의 이야기를 듣고 흐뭇한 미소를 지어 보였습니다.

앞서 장 팀장이 핵심적으로 언급한 내용과 함께 팀원들이 추가로 염두에 두어야 할 점이 있습니다. 역량 훈련 계획을 수립할 때는 약간 버겁다고 생각될 정도의 목표를 잡고 도전하는 것이 자신의 역량을 단기간에 확장시킬 수 있는 좋은 방법이라는 사실입니다. 수립된 역량 훈련 계획을 기지고 팀장에게 다시 한번 구체적인 성과코칭을 요청하는 것도 잊지 말아야 합니다. 역량을 훈련하는 과정에서 장애가 되는 요인, 예컨대 예산이나 시간 등을 팀장과 사전에 협의해야 불필요한 마찰과 자원 낭비를 방지할 수 있기 때문입니다.

아는 것과
할 수 있는 것은 다르다

성과 창출 역량이란 무엇일까요? 성과를 창출할 수 있는 최소한의 프로세스를 자유자재로 실행할 수 있을 때 비로소 성과 창출 역량이 갖추어졌다고 말할 수 있습니다. 연간, 분기, 월간, 주간, 일일 단위로 실행해야 할 기간별 역할을 과제화하고, 그 과제가 실행되는 현장의 상황을 객관적으로 분석하고, 수요자의 니즈와 원츠를 정확하게 도출해 상태적 목표로 설정하고, 고정변수목표와 변동변수목표로 구분해 각각의 성과 창출 전략을 수립하고, 성과 창출 전략을 실행하는 데 통제 불가능한 요인으로 작용할 수 있는 예상 리스크 요인을 외부환경요인과 내부역량요인으로 구분하여 도출하고, 리스크 요인에 대한 대응 방안과 플랜 B를 수립하고, 일정별로 해야 할 일의 순서를 계획하는 일련의 과정이 바로 그것입니다.

직책이 좀 높다고, 배운 것이 좀 많다고, 경험이 길다고 해서 함부로 역량을 갖췄다고 말하거나 성과코칭이 가능하다고 말할 수 없습니다. 그리 쉽게 생각할 문제가 아닙니다. '아는 것'과 '할 수 있는 것'은 다른 문제이기 때문입니다. '자신이 할 수 있는 것'과 '다른 사람을 할 수 있게 하는 것'도 전혀 다른 문제입니다.

역량 훈련과 성과코칭이 쉽지 않은 것은 고정관념을 거슬러야 하기 때문입니다. 기대하는 성과를 반복적으로 창출하기 위해서는 역할 수행에 필요한 능력을 학습하고, 책임 완수에 요구되는 역량을 훈련해야 합니다. 능력을 학습하고 역량을 훈련하고 나서야 비로소 성과 창출 방법을 스스로 깨달

을 수 있습니다. 그리고 그러한 단계에 오른 사람이어야 성
과코칭을 시작할 수 있습니다. 개념과 이치, 원리도 제대로
깨닫지 못한 상태에서 성과를 논하고 성과코칭을 들먹이는
것은 우물에서 숭늉을 찾는 일과 같습니다.

리더는 결코
사람을 버리지 않습니다

사실 팀을 경영하다 보면 내 마음에 쏙 드는 팀원은 그리 많지 않습니다. 그런데 반대로 한번 생각해 봅시다. 팀원들도 팀장이 100퍼센트 마음에 들어서 따르고 함께 일하는 걸까요? 100퍼센트 아닐 것입니다.

직장은 동호회도 아니고 인간관계를 하기 위한 곳도 아닙니다. 자신에게 수어진 역할와 책임을 다해 성과를 창출해야 하는 곳이지요. 이때 팀장은 회사의 가장 작은 단위 조직인 '팀'의 성과를 책임지는 경영자입니다. 팀원들을 감정적으로 바라보지 말고 팀원들의 능력과 역량이 잘 발휘되어 팀장이 기대하는 성과가 연간, 분기, 월간, 주간, 과제별로 지속 창출될 수 있도록 팀원들을 경영하고 동기부여해야 합니다.

팀장들이 동료 팀장이나 본부장에게 하소연하는 내용을 들어 보면 팀원들 때문에 속상하다는 이야기가 대부분입니다. 팀장 때려치우고 차라리 그냥 팀원으로 돌아가 재미있게 일하고 싶다고도 말합니다. 물론 그 마음을 이해하지 못하는 것은 아니지만, 냉정하게 한번 생각해 볼 필요가 있습니다. 자신은 리더형 팀장으로서 제대로 성과코칭 매커니즘을 이해하고 적용하고 있는지를 말입니다.

저는 현업에서 아직도 팀원들을 관계 중심으로 바라보거나, 책이나 AI를 통해 주워들은 내용들을 바탕으로 팀원들을 대하는 팀장들을 어렵지 않게 봅니다. 더구나 요즘은 직장 내 괴롭힘 방지법 등 여러 법적 제재나 사회적 이슈가 등장하다 보니 더더욱 팀원들을 제대로 매니지먼트하기보다는 그냥 팀원들이 하는 대로 방치해 두는 경우도 많습니다. 프로들이 일하는 직장에서 그래서는 안 됩니다.

팀원들을 너무 관계지향적으로 바라보거나 감성적으로 대하지 말고, 역할과 책임의 메커니즘, 성과 창출 프로세스, 성과코칭 기법을 바탕으로 좀 더 객관적이고 논리적이며 이성적으로 접근해 보길 권합니다. 일보다 사람이 더 어려운 팀장들에게, 이 책이 좋은 해결책이 되길 바랍니다.

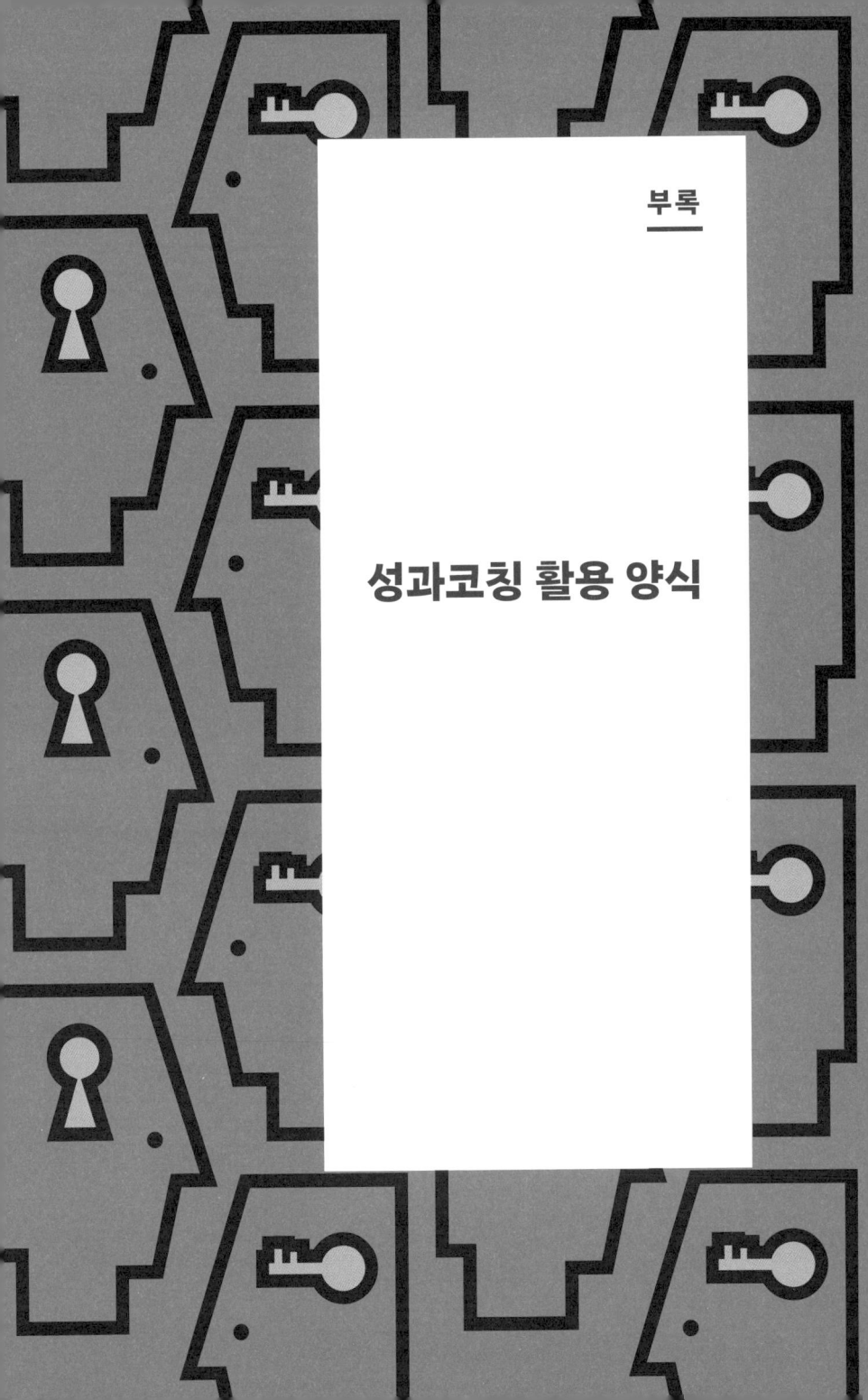

부록

성과코칭 활용 양식

1. 연간 성과목표를 수립할 때

① 연간 핵심과제의 성과목표 수준 설정

핵심과제(CSF)	핵심성과지표(KPI)	성과목표 수준
여성 고객 이탈 방지	여성 고객 매출액	1억
○○ 지역 ×× 제품 판매 강화	○○ 지역 ×× 제품 매출액	10억
고객 컴플레인 대처 강화	기존 고객 유지율	85%
DD 신상품 마일리지 카드 고객 증대	추가 구매 고객 수	365명
30대 전문직 온라인 구매 증대	30대 전문직 온라인 구매 1인당 객단가	4만 원

② 성과목표 조감도

성과목표 (KPI+수치목표)	성과목표 조감도
여성 고객 대상 매출액 1억 원	20대 여대생 4000만 원
	30대 싱글 전문직 여성 3000만 원
	40대 미시족 2000만 원
	10대 여자 청소년 1000만 원

2. 타깃 전략을 코칭할 때

① 연간 성과 창출 전략

성과 목표	구매 원가 절감액 2억 원	성과 목표 조감도	축산물 구매 원가 절감액 5000만 원 (고정변수목표)	변동 변수 목표	HMR 제품 구매 원가 절감액 9000만 원
			HMR 제품 구매 원가 절감액 9000만 원		
			수산물 구매 원가 절감액 6000만 원 (고정변수목표)		

핵심 성공 요인	예상 장애 요인
· 닭고기 재주문 처리 감소	· 고품질 저가격 토마토 안정적 확보 어려움

타깃별 공략 방법

1. 닭고기 재주문 처리 감소(4000만 원 절감)
: 수도권 내 E축협, S축협과 제휴해 안정적 공급 유도
: H회사에서 납품받는 돼지고기 식자재 검수 횟수 2배 증대
: H회사에서 납품받는 돼지고기 품질 수준 10% 상향 조정 운영
: 응급 상황 시 재주문 처리 공식 업체 2곳 지정 및 활용

2. 토마토 소싱 채널 다양화(5000만 원 절감)
: 경기도 XX지역 농장과 계약 재배를 통한 고품질 토마토 안정적 확보
  (3곳, 연 000톤)

⋮

② 스케치페이퍼

과제를 요청한 사람의 요구사항 (팀장, 상위리더)		과제를 실행할 사람이 생각하는 성과목표와 인과적 실행 방법 (팀원, 실행자)	
1. 무엇을? (What)	A대리점 고객 만족도 85점 달성 방안	4. 원하는 결과물 (상태적 목표)	• 지점 환경 90점 (전년 대비 35점 향상) (고정) • 고객 컴플레인 처리 85점 (전년 대비 25점 향상) (변동) • 제품 권유 80점 (전년 대비 15점 향상) (고정)

2. 언제까지? (When)	7월 5일 까지	5. 성과 창출 전략/공략 방법 (How to)	• 여성 고객 대상 휴게 공간 리모델링(20평) 완료
			  - 홀과 통로에 전시되는 갤러리 공간 콘셉트 확정
			  - 프로점 200평 친환경적 재질 도배(장판, 바닥재 포함)
			  - 휴게 공간 벽지, 장판 샘플 3개 고객 평가단 의견 확정
			• 고객 컴플레인 행동강령 매뉴얼 개발
			  - 고객CS팀 컴플레인 유형 분석 완료(빈도/교차분석)
			  - 본사 홍보팀과 매뉴얼 개발 완료(30장, 포켓북 1권)
			  - 전 직원 오프라인 교육(6시간), 테스트 4회
			• 제품 교육 계획안 보고서 제출 완료
			  - 지점 방문 고객 접촉 스킬 안내 농영상 세작(20개 단계별 대응 방법, 총 2시간)
			  - 영업 경력 3년 차 미만 직원 70명 대상 주 2회 교육

3. 왜? (Why)	매출목표를 연간 성과로 창출하기 위하여	6. 협업/지원 요청 사항	• 7/5(경영지원팀 예산 결재 6/2까지 완료) • 6/15(고객 CS팀 컴플레인 리스트) • 6/28(홍보팀, 제본 완료) • 6/2(인사교육팀, 교육일정표)

3. 성과목표를 실행할 때

① 일일 성과기획서 및 리뷰(PXR 일기)

주간 성과목표	일일 핵심과제	기대하는 결과물 & 실행 방법 (일일 핵심과제 수행을 통해 기대하는 결과물의 구체적인 내용)	실행 시간	관련 대상	성과 리뷰 (오후 7시 이후 수립)
3개 프로점 (H, L, M)의 '클린 매장' 페스티벌 위생점검 합격 (평균 92점)	√H프로점 클린 매장 합격시키기 (93점)	1. 직원들이 용모와 복장 상태 개선(95점) - 여자 직원은 이마가 드러나도록 깔끔하게 머리 정돈, 빨간 립스틱 바르기 - 남자 직원은 깨끗한 손톱 상태와 검은 양말 - 공통적으로 복장은 1일 1회 사용 (단, 음식물이 묻으면 즉시 교체) 2. 음식물 쓰레기 처리 개선(98점) - 음식물 쓰레기의 밀봉 상태 마무리 - 규정한 위치에 시간대에 쓰레기 처리	09:00 ~15:00	프로점	완료 (95점 취득)
이탈리안 요리 세프 연장 후보자 10명 확보 (5년 이상 경력자)	√지인을 통해 이직 이향 있는 세프 2명 연락처 확보	(…)	16:30 ~18:00	–	유학 지인 세프 추천 획득 미흡 (1명)
(…)	√(…)	(…)	(…)	(…)	(…)
개선과제와 만회대책		-유사시 퇴직 세프를 대체할 수 있도록 상시 채용을 위한 1급 세프의 지역별, 연령별 DB 구축 필요 절감			

② 주간 성과기획서

핵심과제	기대하는 결과물 (성과적 목표)	마감 기한	예상 소요 시간	변동변수 목표 공략 방법	리뷰
이번 주에 가장 우선적으로 해야 할 과제를 주 40시간 근무를 고려하여 선정한다. 선행과제, 당기과제, 개선과제, 협업과제를 염두에 두고 작성한다.	과제를 완료했을 때 기대하는 결과물을 아주 구체적으로, 세부 내역 중심으로 묘사한다. 이때 결과물에 대한 품질 기준, 소요 시간을 기재할 수 있으면 기재한다. 예를 들어 보고서 작성이라고 한다면 보고서가 완료되었을 때 포함되어야 할 항목과 들어가야 할 내용의 형태로 묘사한다. (대명사 대신 명사로 표현)	기대하는 결과물을 언제까지 완료해야 하는지 마감 일정을 구체적으로 기입한다.	기대하는 결과물을 완료하는 데 필요한 예상 소요 시간과 항목별 예상 소요 시간을 적는다.	완료 일정 안에 예상 소요 시간을지 기면서 성과목표를 성과로 창출해 내는 데 문제로 등장할 목표를 예상하여 도출하고 공략 방법을 수립한다.	목표 대비 성과를 평가하고 미달성 목표에 대해 근본적인 원인을 분석하여 개선대책을 수립해야 한다.

③ 월간 성과기획서

핵심과제	기대하는 결과물 (상태적 목표)	마감 기한	예상 소요 시간	변동변수목표 공략 방법
이번 달에 가장 우선적으로 해야 할 과제를 주 40시간 근무를 고려하여 선정한다. 선행과제, 당기과제, 개선과제, 협업과제를 염두에 두고 작성한다.	과제를 완료했을 때 기대하는 결과물을 아주 구체적으로, 세부 내역 중심으로 묘사한다. 이때 결과물에 대한 품질 기준, 소요 시간을 기재할 수 있으면 기재한다. 예를 들어 보고서 작성이라고 한다면 보고서가 완료되었을 때 포함되어야 할 항목과 들어가야 할 내용이 형태로 묘사한다. (대명사 대신 명사로 표현)	기대하는 결과물을 언제까지 완료해야 하는지 마감 일정을 구체적으로 기입한다.	기대하는 결과물을 완료하는 데 필요한 예상 소요 시간과 항목별 예상 소요 시간을 적는다.	완료 일정 안에 예상 소요 시간을 지키면서 성과 목표를 성과로 창출해 내는 데 문제로 등장할 목표를 예상하여 도출하고 공략 방법을 수립한다.

성과평가			자기평가(실행자 기재)			피드백(상위리더 기재)	
성과목표	창출성과	갭(gap)	원인	개선과제	만회대책	개선과제	만회대책
월초에 합의한 성과목표를 적는다. 성과목표를 중간에 변경했다면 변경한 목표를 적는다.	계량적인 창출결과물 수치를 적는다.	성과목표와 창출 성과의 차이를 적는다. 목표 대로, 초과했으면 초과한 대로, 미달했으면 미달한 대로 적는다.	성과 초과나 성과 미달성의 원인을 분석해 찾아낸다. 문제를 원인으로 적지 않도록 주의한다.	원인을 해결하기 위한 개선 과제를 적고, 개선과제의 목표와 실행 완료 일정을 적는다.	성과 미달성 부분에 대해 언제까지 만회 할 것인지 적는다.	실행자가 작성한 성과평가 한 성과평가와 성과 미달과 성과 부분을 언급한 내용과 성과 미달성 원인, 개선과제를 바탕으로 근거와 기준에 대해 코칭 기법을 활용하여 점검하고, 공감된 개선과제와 실행 완료 일정과 목표를 적는다.	실행자가 작성한 성과 미달한 성과 부분을 언급한 제까지 만회할 지 작성한 내용을 바탕으로 실현 가능한 것인지 근거와 데이터를 활용하여 검증한다.

4. 성과 피드백할 때

① 성과목표 대비 성과 창출 평가(나쁜 예시 vs. 좋은 예시)

성과목표	목표 수준	성과	자기평가

불명확
or 부재
	불명확	- 열심히 했음
		- 야근 많이 했음
		- 외부 환경이 어려운
		  상황에서 나름대로
		  고군분투했음
			S

vs.

핵심과제	핵심성과지표(KPI)	목표 수준	성과	자기 평가
여성 고객 이탈 방지	여성 고객 매출액	1억	7000만	B
○○ 지역 ×× 제품 판매 강화	○○ 지역 ×× 제품 매출액	10억	7억	B
고객 컴플레인 대처 강화	기존 고객 유지율	85%	85%	A
DD 신상품 마일리지 카 드 고객 증대	추가 구매 고객 수	365명	270명	B
30대 전문직 온라인 구매 증대	30대 전문직 온라인 구 매 1인당 객단가	4만 원	5만 원	S

② 자기 성과 피드백

자기 성과 피드백
<탁월한 성과> - 한 해 동안 좋은 성과를 낼 수 있도록 도와주셔서 감사합니다. - 제가 생각하는 탁월한 성과는 우선 A 신제품 타깃 시장 점유율을 10% 올린 것입니다. 이는 원래 목표로 했던 8%보다 약 2% 정도 상회한 결과인지라 저희 팀과 사업부 매출액 향상에 기여했다고 생각합니다. - 그것이 가능할 수 있었던 것은 경쟁사 신제품의 시장 전략을 상세하게 파악했고, 아울러 현장에서 고객들을 직접 관찰하고 느껴보면서 A 신제품에 대한 판촉 전략을 적시에 맞춤형으로 실행했기 때문이라고 생각합니다. - 특히 핵심 타깃 고객이었던 여대생들로 구성된 A제품 평가단을 운영하여 이들의 구매 패턴을 일정한 유형으로 분류해 내고, 이들을 통해 입소문이 나게 하여 수도권 일대의 시장점유율을 크게 올릴 수 있었던 점이 핵심적인 성공 요인으로 작용했다고 생각합니다. **<보완이 필요한 성과>** - 올해 제 성과 중 유독 미진했던 것은 기존 P제품에 대한 판매 수요 예측의 오차가 30%에 달했다는 점입니다. - 특히 영업팀, 연구개발팀과의 커뮤니케이션을 통해 P제품에 대한 고객의 구매 패턴 정보를 적극적으로 전달하고 P제품에 대한 분기별 수요 예측과 관련한 구체적 데이터의 정확도를 높였어야 했는데 이 부분이 매우 미진했던 것 같습니다. 그래서 애초 계획했던 판매 수요 예측 오차율 10%를 달성하지 못했습니다. - 전체적인 시장 성장률이 예상했던 4%에서 2%로 정체되면서 기존 제품의 판매 기회가 상대적으로 줄어든 것도 영향을 미쳤다고 볼 수 있긴 하지만, 저의 노력이 부족했습니다.

③ 자기 역량 피드백

자기 역량 피드백
<탁월한 역량> - 사전에 정해놓았던 필요 역량 중 '분석력' 부분에서 좋은 점수를 줄 수 있다고 생각합니다. 올해 제가 작성했던 시장 분석 보고서 3개의 경우 다양한 자료, 특히 분석 데이터가 작년에 비해 매우 개선되었습니다. - 기획 시 치밀한 사전 준비와 고객 니즈 파악 등을 통해 보고서의 완성도를 높인 것이 주된 성공 요인이었다고 생각합니다. - 또한 올해는 새로운 일을 팀원들과 잘 협업하여 추진하는 부분에서도 상당히 높은 역량을 발휘했다고 생각합니다.
<개발해야 할 역량> - 고객 만족 측면에서 제 행동을 돌아봤을 때 다음 2가지 측면에서 부족한 점을 발견할 수 있었습니다. - 우선 기존 고객들을 직접 찾아가 문제를 해결하는 대면 서비스가 많이 미흡했습니다. 아울러 부적합 제품으로 인한 고객 컴플레인에 적절히 대응하지 못해 민원이 발생한 경우가 있었습니다. 이런 부분을 보완하기 위해 매월 2회 팀원들과 고객 컴플레인 적정 대처를 위한 롤플레잉 교육에 적극 참여해 현장 대처 역량을 키워야 한다고 생각합니다.

5. 커리어 비전 설계

① 비전 조감도

[미션]

- _____

- _____

- _____

[비전]

- _____

- _____

- _____

[핵심가치]

- _____

- _____

- _____

[역량지표]

1. _____

2. _____

3. _____

② 성과 창출을 위한 훈련 필요 역량

핵심과제 (CSF)	핵심성과지표 (KPI)	목표	고정변수목표 및 변동변수목표	성과 창출 전략 및 방법 (세부과제 및 목표, 구체적 실행 방안)	필요 역량
A브랜드 매출 확대	X상품 매출액	40억	· Y지역 고가형 주력 상품 마케팅 강화(P브랜드, J브랜드 집중) · 소비자 구매 수준이 그리 높지 않음	· F, J 브랜드 주력 상품의 이미지와 행사 콘텐츠를 구체화하고 이를 토대로 이벤트 콘셉트를 확정 / 특별행사 기획안을 작성하고 팀원들과 공유(1월, 6월) · 주력 상품 프로모션 행사 개최(3월, 7월)(25억)	· 창의력 · 기획력
			· A, B, C사 업계 1위 회사와의 제휴를 통한 패키지 상품 공급 확대(홍보 병행) · 경쟁사의 공격적 마케팅에 대한 대응으로 영업비 과다 지출 예상	· 각 지역별 대표 2개 골프장, 리조트 현황 파악, 제휴 마케팅 추진(기대효과 강조, 10억) · TV 광고 대신 시간대별 라디오 광고 강화를 통한 영업비 절감 도모	· 기획력 · 정보 분석력
			· 고객 계층별 마케팅 전략 수립 시 시간과 비용이 많이 소요	· VIP 고객에 대한 DB를 구축, 정기적으로 업데이트함 · VIP 고객의 불만사항을 조속히 해결(13억, VIP 고객에 대한 프리미엄 혜택 강화)	· 커뮤니케이션 능력

③ 성과 창출을 위한 역량 훈련 계획

구분	개발 필요 역량	필요 능력	훈련 목표 수준	훈련 방법
2026년 개인 성과 창출을 위한 필요 역량	기획력	시장조사	해당 지역 분기별 시장 보고서 제출 (연 4건)	- 사내 시장조사 Cop 주관 통합 스터디 모임 참여(매주 목요일 1회) - 온라인 강좌 '전략 마케팅' 매월 수강 (수료 점수 95점 이상)
	창의력	성공 사례 분석	외식 상품 마케팅 성공 사례 리포트 (85점 이상)	- ○○기관 프로모션 세미나 참여(3부 4일) - 외식 마케팅 성공 사례 매월 2개 요약 후 팀원들에게 15분간 발표 및 공유
	정보 분석력	통계 분석 스킬	통계 초급 과정 수료 (90점)	- 온라인 통계 기초 과정 수강(모의 데이터 분석 결과 해석 및 시뮬레이션 실행) - 6개 지점 고객 데이터 통계 패키지 시뮬레이션 실행 시사점 도출 및 정리
개인 중장기 비전 달성을 위한 필요 역량	커뮤니케이션 역량	제안형 의사소통 스킬	프로점장 대상 서비스 개선 제안 (3건 이상)	- 각 프로점별 고객 컴플레인 유형 구분, 시사점 정리, 제안(매월 1회) 각 프로점제공) - 현장 고객 응대 전화 모니터링을 통한 서비스 개선점 도출(3개월간 현장 파견 근무 자청)

일 잘하는 팀장은 이렇게 성과코칭합니다

초판 1쇄 인쇄 2026년 1월 13일
초판 1쇄 발행 2026년 1월 20일

지은이 류랑도
펴낸이 김선식

부사장 김은영
콘텐츠사업본부장 임보윤
책임편집 임보윤 **디자인** 윤유정 **책임마케터** 이고은
콘텐츠사업1팀장 한다혜 **콘텐츠사업1팀** 윤유정, 문주연, 조은서, 여소연
마케팅사업1팀 이고은, 지석배, 최민경, 이현주, 김은지 **홍보1팀** 김민정, 홍수경, 변승주
브랜드사업본부 정명찬
브랜드홍보팀 오수미, 서가을, 박장미, 박주현
영상홍보팀 이수인, 염아라, 이지연, 노경은
저작권팀 성민경, 이슬 **편집관리팀** 조세현, 김호주, 백설희
재무관리팀 하미선, 임혜정, 이슬기, 김주영, 오지수
인사총무팀 강미숙, 김재경, 김혜진, 김주림, 황종원
제작관리팀 이소현, 김소영, 김진경, 유미애, 이지우, 이승협
물류관리팀 김형기, 김선진, 주정훈, 양문현, 채원석, 박재연, 이준희

펴낸곳 다산북스 **출판등록** 2005년 12월 23일 제313-2005-00277호
주소 경기도 파주시 회동길 490
전화 02-704-1724 **팩스** 02-703-2219 **이메일** dasanbooks@dasanbooks.com
홈페이지 www.dasan.group **블로그** blog.naver.com/dasan_books
종이 스마일몬스터 **인쇄** 민언프린텍 **코팅 및 후가공** 제이오엘앤피 **제본** 국일문화사

ISBN 979-11-306-7448-3 (03320)